ROBERT FEUSTEL / NANCY GROCHOL / TOBIAS PRÜWER / FRANZISKA REIF (HG.)

WÖRTERBUCH DES BESORGTEN BÜRGERS

ventil

Robert Feustel: Studierte Politikwissenschaft und Geschichte in Leipzig und Madrid, wurde mit einer Kulturgeschichte des Rauschs 2012 promoviert und verdient seine Brötchen an der Universität Leipzig. Seine Interessen liegen im Bereich der politischen Theorie und der Wissens- bzw. Wissenschaftsgeschichte. Veröffentlichungen u. a.: »Grenzgänge. Kulturen des Rauschs seit der Renaissance«, »Die Kunst des Verschiebens. Dekonstruktion für Einsteiger«.

Nancy Grochol: Studierte Germanistik und Allgemeine Sprachwissenschaft in Leipzig und Reykjavik. Sie arbeitete in verschiedenen Forschungsprojekten. Mittlerweile ist sie freiberufliche Lektorin (mit dem Schwerpunkt Wissenschaft) und berät Unternehmen bei deren interner und externer Kommunikation. Nebenbei schreibt sie journalistische und sprachkritische Texte.

Tobias Prüwer: Studierte Philosophie und Geschichte in Leipzig und Aberdeen. Seit 2009 Theaterredakteur beim kreuzer. Wenn er nicht über Inszenierungsstrategien schreibt, beschäftigt er sich u. a. für Der Freitag, Jungle World, Nachtkritik und Jüdische Allgemeine mit Comics und Körperpolitiken, Heavy Metal und Arthouse, Essay und Kritik. Veröffentlichungen u.a.: »Humboldt reloaded. Kritische Bildungstheorie heute«, »Fürs Leben gezeichnet: Body Modification und Körperdiskurse«.

Franziska Reif: Studierte Linguistik und Anglistik und arbeitet als Autorin, Lektorin und Übersetzerin. Ihre Themen sind u. a. Arbeit und Geld, Industrie und Natur sowie sprachliche Phänomene jeder Art. Veröffentlichungen: mit T. Prüwer: »A wie Asozial. So demontiert Hartz IV den Sozialstaat«, mit Prüwer und Tim Tepper: »Weltnest Leipzig«.

2. Auflage Januar 2017
ISBN 978-3-95575-068-8

Layout und Satz: Oliver Schmitt
Druck und Bindung: Buchdruck Zentrum

Ventil Verlag, Boppstraße 25, 55118 Mainz
www.ventil-verlag.de

Inhalt

Vorwort oder: Die Logik der Eskalation

»Wir *wollen* keine Beteiligung am Diskurs, sondern ein Ende vom Konsens. Es geht nicht um Diskussionen, sondern um eine andere Sprache.« Glasklar artikuliert eine neurechte Kleinstgruppe, welches Feld Pegida-Spaziergänger und AfD-Wähler zusammen mit strammen Nazis und Rechtsauslegern der Volksparteien bestellen. Ein Gespräch ist nicht das Ziel jener Wutschäumenden, die von Politik und Medien zunächst als besorgte Bürger mit berechtigten Anliegen verharmlost wurden. Sie wollen aber nicht allein Interessen im Sinne eines demokratischen Grundverständnisses anmelden, sondern vorschreiben und Begriffe besetzen. Meinungshoheit statt Redefreiheit lautet der besorgte Treueschwur, auch wenn sie anderes behaupten.

Damit befinden wir uns mitten im Besorgtensprech, der Einzug in öffentliche Debatten und Parteien älteren Gründungsdatums gefunden hat. Nicht nur die Demonstranten, die sich als Patriotische Europäer gegen die Islamisierung des Abendlandes (Pegida) bezeichnen, oder die AfD machen sich beständig mit verräterischen Sprachwendungen Luft. Auch Mitglieder der Volksparteien wie Bettina Kudla, Veronika Bellmann (beide CDU), Horst Seehofer (CSU) oder Thilo Sarrazin (SPD) bedienen sich freizügig dieses Registers. Mit Umdeutungen, Erfindungen und rhetorischem Nebel entwickeln sich Denk- und Sprachmuster, in denen so manches umgekehrt und gegen den Strich gelesen wird: Da ist Deutschland Opfer, Diktatur oder GmbH, bilden geflüchtete Menschen eine Armee oder droht der Volkstod. Seit im Fahrwasser von Pegida Menschen auf die Straßen gingen, sind Verschiebungen in der Diskussionskultur zu beobachten. Parolen und Redebeiträge der Besorgten lassen den Seismografen nach rechts ausschlagen. Totgeglaubte Begriffe und Bilder erwachen zu neuem Leben, politische Semantiken laufen leer. Die Kunst der Agitation hat Konjunktur.

Es gab bereits einige Versuche, dem Besorgtenphänomen auf die Spur zu kommen, das langsam, aber ununterbrochen in den politischen Alltag einsickert. Im Osten Deutschlands spielt das Gefühl, abgehängt zu sein und nicht mithalten zu können, eine große Rolle. Die Nachwendedepression kippt in national gefärbten Unmut. Republikweit gesehen dominiert die Haltung des Angry White Man, der den alten White Trash zu neuem Leben erweckt und an der Dynamik der spätmodernen Gesellschaft scheitert. Der neoliberale Imperativ »Sei deines Glückes Schmied« zeigt hier eine seiner Schattenseiten. Seine Umkehrung (»Jeder ist seines Unglückes Schmied«) führt – gemeinsam mit einer völligen Überzeichnung von Individuum und Ego – zur verzweifelten Suche nach Gemeinschaft, in der man sich eine vermeintlich heile Welt alter Volksgemeinschaft erdichtet. Das ist so falsch wie nachvollziehbar.

Jenseits politischer Deutungsangebote geht es in diesem Buch um die Sprache der Besorgten. Die hat es in sich, nicht nur weil sie mit Eskapismus und derben Vereinfachungen glänzt. Die besorgte Sprache bedient sich auch jener Begriffe, die üblicherweise zum liberalen oder demokratischen Sprachgebrauch gehören. Parallel zur Selbsteinordnung als bürgerliche Mitte kursieren ganz selbstverständlich Worte wie Freiheit, Demokratie oder Gastfreundschaft. Der unstete Ort der Sprache liegt irgendwo zwischen Propaganda und dem Versuch, Klarheit zu stiften. Rhetorische Kniffe, um zu verschleiern und mitunter perfide zu gewichten, sind das eine Ende der Skala, Präzision das andere. Im Besorgtensprech allerdings zeigt sich ein selten gekanntes Ausmaß sprachlicher Wandlungen. Sie – unvollständig und selbst wertend – zu sammeln und zu kritisieren, ist das Ziel dieses Wörterbuchs.

In der Besorgtensprache lassen sich Systematiken erkennen. Einige fest im Gegenwartsdiskurs verankerte und unzweifelhaft positiv besetzte Begriffe werden integriert und dabei umgedeutet. Das schafft Anknüpfungspunkte und den Eindruck eines legitimen Anliegens. So reden die Besorgten unablässig von Wahrheit oder Demokratie, meinen damit allerdings ziemlich schräge Sachen. Demokratie ist dann die Tyrannei der »echten« Deutschen, um alle Formen von Minderheitenschutz bereinigt. Freiheit gilt dem biologisch gedachten Volkskörper und hat wenig mit individueller Lebensgestaltung zu tun.

Weil die Welt früher nicht so schlecht gewesen sei, wie der Mainstream uns glauben machen will, ist es für besorgte Bürger an der Zeit, längst aufgearbeitete und für ausgrenzend erklärte Begriffe zu reanimieren oder zu rehabilitieren, etwa Zigeunerschnitzel, Neger oder völkisch.

In diesem Akt der Wiedereingliederung erkennen die Besorgten die vermeintliche Stärke, sich von der »Meinungsdiktatur« nicht länger in Schach halten zu lassen.
Ein weiterer Modus ist die Begriffsaneignung als radikale Umkehrung, zum Beispiel wenn Gida-Gegendemonstranten mit »Nazis raus!« angebrüllt werden. Die Antifa sind »Antideutsche Faschisten« und wir alle leben in einer »Meinungsdiktatur«, was auf den Kundgebungen ohne Störung behauptet wird. Die selbsternannte bürgerliche Mitte nutzt negativ besetzte Begriffe, um alle zu diffamieren, die nicht mitspazieren. So bestärkt sie für sich das wohlige Gefühl, auf der Seite der Guten zu stehen.
Die vermutlich größte Kraft der besorgten Sprache ist die Pauschalisierung. »Lügenpresse«, »Asylant« oder »Muslim«: Mit der Praxis, alle über einen Kamm zu scheren, gehen gefährliche politische Wertungen einher, die im Begriff selbst zum Tragen kommen. So macht es einen erheblichen Unterschied, ob man durchaus nötige Medienkritik übt oder sämtliche Presseorgane der permanenten Lüge bezichtigt.
Das alles findet als Mimikry eines Tabubruchs statt. Wer differenziert, verschleiere nur die wirkliche Dramatik der Lage. Wer nicht von Umvolkung oder Umerziehung spricht, mache sich einer Verklärung der Tatsachen schuldig. Faktisch allerdings stecken hinter angeblichen Tabubrüchen verbale Eskalationen und Diffamierungen, die sich über das angebliche Verbot selbst zur Wahrheit erklären. Diese perfide Logik ist aus antisemitischen Kreisen bekannt, wenn es beispielsweise heißt, man dürfe ja wohl Israel kritisieren – als hätte es jemals ein entsprechendes Verbot gegeben. Beständig werden die Pappkameraden Maulkorb und Tabu aufgestellt, um sich gegen Einwände unangreifbar zu machen.
An einigen Stellen kippt die Rhetorik offen nach rechts. Wer hätte vor ein paar Jahren gedacht, dass die irre Reichsbürgeridee, die BRD sei eine GmbH, weil im Personalausweis das alte Wort Personal steht, einmal so weite Kreise ziehen würde? Es wird verharmlost und verdreht, Verrohungen zum Klartext umgedeutet. Dabei ruft die besorgte Sprache vergleichsweise unverhohlen zur Gewalt auf, weil selbst heftige Abwertungen wie Notwehr und Selbstverteidigung wirken sollen – etwa Ficki-Ficki-Fachkräfte für angeblich massenhaft vergewaltigende Flüchtlinge. Im Zuge dieser Entzivilisierung und Entmenschlichung kommen Metaphern aus der Biologie wieder in Mode.

Von Verseuchung oder Parasiten ist die Rede. Pegida-Mitinitiator Lutz Bachmann nannte Geflüchtete »Gelumpe, Viehzeug, Dreckspack«. Sprachanalyse ist keine Oberflächenpolitur, weil es nicht egal ist, wie man Dinge benennt. Sprache schafft Realität. Es ist nicht gleichgültig, ob man von Geflüchteten redet oder wie Wolfgang Schäuble (CDU) Menschen als »Flüchtlingslawine« mit einer Naturkatastrophe gleichsetzt. In der Gruppe der Geflüchteten können Individuen und damit Unterschiede mitgedacht werden. Ein Schneerutsch ist eine tödliche Gefahr ohne Einzelschicksale. Der Kampf um die Wörter ist also nicht vom Kampf um die Dinge zu trennen, weil das Wort die (Be-)Deutung erschafft. Die Besorgtensprache zeigt sich so gesehen als eine Klaviatur stilisierter Angst, die längst in Hass und Gewalt umgeschlagen ist. In diesem Klima ist die Fähigkeit zur Argumentation zu Staub zerfallen. Einwände gegen das besorgte Denkgebäude werden als glatte Lüge oder als Irrweg eines vom Mainstream geblendeten Systemlings abgetan. Selbst einfache Fakten, etwa die tatsächliche Zahl der Muslime in Ostdeutschland, gelten nichts. Darüber steht die unbestimmte Angst, die als vermeintlich authentisches Gefühl noch die waghalsigsten Behauptungen untermauert. Agitation ersetzt Argumentation. Die Redner auf den Gida-Bühnen sind kaum auf konkrete Aussagen zu fixieren, ihre Behauptungen bleiben vage. Fürs Publikum reicht es: Bei jedem verhassten Namen, jedem Reizwort, zeigen die Zuhörer ihre Unzufriedenheit mit Buhrufen. Die Agitatoren beschreiten den altbekannten Weg der Verführung, auf dem sie beinahe beliebig Urteile und Wertungen verbreiten können, gewürzt mit dem Versprechen auf ein Erstarken der eigenen Bewegung.

Allenthalben werden mysteriöse Kräfte wie Ausländer oder Rot-Grün hervorgezaubert, die sich verbündet haben sollen und – über alle Differenzen hinweg – unerbittlich ein Ziel verfolgen: Die Auslöschung des wahren, biokulturellen Deutschlands. Das Volk, imaginiert als organische Einheit, werde zerstört, genauso wie Werte und Traditionen. Das Freund-Feind-Schema hat das Ruder übernommen, es klafft die schroffe und von der »realen Möglichkeit des Krieges« getriebene Unterscheidung zwischen einem bedingungslosen Wir und dessen Feind. Diese traurige Reanimation des Nazijuristen Carl Schmitt mitsamt seiner völkischen Kontur ist das Hintergrundrauschen, White Noise, aus dem White Power entspringt. Rechtes Gedankengut, verdeckt vom scheinheiligen Bild des tief besorgten Bürgers.

Gut gegen Böse. Statt des Ausgleichs verschiedener Interessen, dem Kern der Demokratie, sind Glaubenssätze angesagt, die – über Widersprüche erhaben – durchgeboxt werden. Die Nähe zwischen dieser Rhetorik und islamistischen Einlassungen ist dabei auffällig. Die Wucht besorgter Dogmen gleicht einem religiösen Eifer, nur dass die Transzendenz – das Himmelreich – nicht von Gott, sondern vom nationalen Mythos beseelt ist. In der Theorie heißt das strukturanalog. Während im religiösen Wahn einiger verwirrter Seelen das Wort Gottes jedes Mittel legitimiert, trägt eine nicht minder fantasierte national-völkische Illusion die besorgte Aggression. Gida-Spaziergänge sind Prozessionen zur inneren Erbauung. Und die sozialen Medien befördern dies. Sie dienen der Selbstvergewisserung, auf der Seite der Wahrheit zu flanieren, und bestärken das Gefühl der Innerlichkeit. Die eigene, besondere Sprache ist dabei wichtiges Vehikel.

Patriotisches, nationalistisches, xenophobes oder rassistisches Gedankengut und ein deutscher Opferkult sind nicht neu. Im Rahmen umgebauter, spätmoderner Kommunikationsstrukturen allerdings bekommt der Stammtisch ein anderes Gewicht. Er gewinnt mithilfe sozialer Medien Einfluss und schließt sich zu halb verschwörungstheoretischen Aussagenketten und Verweisstrukturen zusammen. Diese neuen digitalen Netzwerke produzieren einige Eigentümlichkeiten, die der Agitation genauso helfen wie selbstreferenziellen Glaubensmustern, also Verschwörungen. Die bereits im Wahrnehmungsapparat angelegte Tendenz, bevorzugt Informationen wahr und ernst zu nehmen, die ins eigene Weltbild passen – der sogenannte Bestätigungsfehler – wird bestärkt, weil sich gefilterte Subnetze bilden. Es handelt sich um beinahe isolierte Cluster, in denen nur Informationen geteilt werden, die ins Raster oder ins Ressentiment fallen. So erscheinen falsche Bilder und Vorstellungen wie die gezielte Umvolkung als seriöses Wissen. Der interaktive Charakter befeuert zudem die Gruppenpolarisierung: Was viele für wahr halten, muss stimmen. So etabliert sich ein Zerrspiegel der Realität, in dem üble Gerüchte in den Bestand objektiver Tatsachen rücken (von denen die Seite *hoaxmap.org* unzählige aufdeckt).

Die Skandalliebe eines heißgelaufenen Mediengeschäfts, das auf Echtzeit zusteuert, feuert die Debatte zusätzlich an. Was viel Aufmerksamkeit zu generieren verspricht, wird veröffentlicht. Der Logik der Eskalation folgend, bespielen die Agitatoren der Besorgten mit scharf gestellter Sprache und immer neuen Provokationen die Presse unaufhörlich und machen sich den Druck der Klickzahlen zu eigen. Noch die dreisteste Behauptung oder niveauloseste Beleidigung zieht weite Kreise. Gleichzeitig werden dieselben Medien als »Lügenpresse« diffamiert, was den Agitator in die Opferrolle versetzt und ihm in der Sphäre des Kontrafaktischen Spielräume eröffnet.

Ausrufe wie »Das wird man ja wohl noch sagen dürfen!« werden zum nationalen Vaterunser, sowohl auf der Straße als auch in den Kommentarspalten, in denen sich noch der einsamste Pöbler in die Volksgemeinschaft integriert. Endlich Akteur, verbal und zunehmend auch praktisch. Diese selbstgebastelte Frontstellung führt in eine stilisierte Opferhaltung. Da sich in ihren Augen böse Kräfte gegen Deutschland verbünden, scheint jedes Mittel erlaubt. Wer sich in Notwehr wähnt, hat einigen Handlungsspielraum.

Dabei wird das politische Koordinatensystem außer Kraft gesetzt. Für rechts halten sich Besorgte zumeist nicht, selbst wenn sie rassistische Begriffe und Ansichten verbreiten und sich nach der alten deutschen Ordnung sehnen. Die Linken sind dafür Rechte, Linksfaschisten eben. Oder Extremisten, also das Böse gegenüber einer guten demokratischen Mitte, in der sich die Besorgten sehen. In dieser Denke formuliert Lutz Bachmann, dass »Pediga die bürgerliche Mitte« sei, um im selben Atemzug den neurechten Vordenker Götz Kubitschek als Redner anzukündigen. Die Besorgten sind also nur den Weg weitergelaufen, den ihnen die inzwischen fälschlicherweise zum Standard erhobene Extremismustheorie bereitet hat. Es gebe nur noch gute Demokraten, die sich gegen fiese Extremisten behaupten müssten, egal ob linke, rechte oder religiöse. Mit dieser rein formalistischen Abstraktion von politischen Inhalten werden etwa Faschismus und Antifaschismus als wesensgleich, weil vermeintlich undemokratisch, verhandelt. Die Besorgten springen auf diese zweiwertige Logik von gut (demokratisch) und böse (extremistisch) auf, mit dem Dreh, dass sie ihr völkisches Denken im guten Zentrum vermuten, während alle anderen als extremistisch abgestempelt werden. Dabei bedienen sie sich einer Sprache, die zwischen pseudodemokratischer Extremismusrhetorik und faschistischer Reaktion changiert.

Ein Unterschied zu den 1920er- und 1930er-Jahren ist sicherlich, dass es nicht mehr (oder noch nicht wieder) um Großdeutschland geht, sondern der deutsche Opfermythos perpetuiert wird. Die Schuldumkehr begann schon in den 1980ern, als Ernst Nolte den Holocaust als Reaktion auf die »asiatische Tat« der Sowjets umdeutete. Damals fing die »Entsorgung der deutschen Vergangenheit« (Hans-Ulrich Wehler) an, verbunden mit einem anschwellenden Opfergesang. Dresden ist in diesem Reigen länger schon Vorsänger, was zumindest einen Hinweis darauf gibt, warum gerade dort die Besorgten so laut tönen. Zur Opferrolle passt auch, dass die Konservative Revolution Vorbild ist, als hätte diese nicht gerade den Weg für den Faschismus bereitet. Die brutale Eskalation des Nationalsozialismus wird verbal den anderen untergeschoben, die den deutschen Volkstod herbeisehnen würden – von der Bundesregierung bis zur Antifa. Die Besorgten selbst sehen sich als Volk und Mehrheit, auch wenn Wahlergebnisse etwas anderes nahelegen.

Abschottung und Unterordnung bestimmen dieses Wunschbild. Das »Heute gehört uns Deutschland, morgen die ganz Welt« ist einem »Die ganze Welt muss draußen bleiben, damit uns Deutschland morgen wieder gehört« gewichen. Wiederholt stand auf einem Fronttransparent bei Pegida: »Heute tolerant, morgen fremd im eigenen Land!« Der alte Größenwahn hat einer Opferapokalyptik Platz gemacht. Die Besorgten halten sich für das letzte Aufgebot einer freien, national-autochthonen Welt, in der eine Kultur noch *eine* Kultur ist – selbst wenn nie von kultureller Homogenität die Rede gewesen sein kann. Als verhinderte Helden halten sie der Dynamik der Zeit nicht stand und klammern sich stattdessen an das pastellfarbene Bild eines früheren deutschen Dorfs, das es dummerweise so nie gab. Ein falsches Standbild alter Tage dient als Heilsversprechen.

So rückwärtsgewandt und krude die besorgten Parolen auch sind, der Zeitpunkt ihres Auftauchens ist dennoch nicht völlig überraschend. Seit Margaret Thatchers berühmtem Ausspruch, dass es so etwas wie Gesellschaft nicht gebe, sondern nur Männer, Frauen und Familien, sind Prozesse am Werk, die soziale Strukturen austrocknen und über alles eine Logik des Ökonomischen legen. Selbst geflüchtete Menschen werden zu Humankapital, was immer noch besser ist, als sie gleich erschießen zu wollen. Die restlose Dominanz des Ökonomischen hat zudem ein unternehmerisches Selbst hervorgebracht, das vermeintlich in vollständiger Eigenverantwortung sein Schicksal bestimmt. Dies heißt allerdings auch, dass das Individuum jedes noch so strukturbedingte Scheitern sich selbst anzulasten hat. Eine

Bürde, die kaum zu tragen ist. Möglicherweise ist der besorgte Irrsinn eine falsche Antwort auf die totale Überforderung im Rahmen einer ökonomisierten Kultur, die häufig mit dem Wort Neoliberalismus umschrieben wird. Die Auflösung der Gesellschaft (oder des Sozialen) in kämpferische Einzelwesen provoziert die Sehnsucht nach Gemeinschaft und öffnet damit den Raum für falsche Projektionen und hasserfüllte Ausschlüsse. Weil für die neoliberale Kultur niemand so recht zur Verantwortung gezogen werden kann, kanalisiert sich die Wut auf Schwächere. Ein alter Mechanismus, der offenbar immer noch greift.

Parallel zur umfassenden Ökonomisierung ist zudem von einer wachsenden Krise der Demokratie die Rede. Das bekannte Spiel der Repräsentation geht nicht mehr auf, die Schäfchen wollen nicht mehr wie die Hirten. Dafür gibt es reichlich Gründe, die hier keinen Platz finden. Die Besorgten sind gewissermaßen nur radikalisierter Ausdruck einer europäischen Tendenz, die mit den drei Hauptfiguren Nationalisierung, Militarisierung und Dehumanisierung auftritt. Der Umgang mit Geflüchteten zeigt die Agonie der humanistisch-europäischen Idee – und die permanente Rede von der Krise offenbart die Doppelzüngigkeit dahinter. Sie wird herbeigeredet, um den Ausnahmezustand aufrechterhalten zu können. Eine Krise herzustellen und nicht zu bewältigen, erlaubt es, immer weiter mit Verweis auf außergewöhnliche Zeiten zu operieren und noch die bitterste Zumutung zu rechtfertigen. Der faktisch rechtlose und zum Objekt degradierte Flüchtling bekommt dies am deutlichsten zu spüren. Wichtig ist es, einem Missverständnis vorzubeugen, das beim Lesen des Wörterbuchs entstehen könnte: Wer Denken und Sprache besorgter Bürger kritisiert, ist noch lange nicht dicke mit Angela Merkel oder Sigmar Gabriel. Die globalen Zumutungen des Spätkapitalismus, einer robusten deutschen Hegemonie in einer tendenziell oligarchischen EU und eines europäischen Grenzregimes dürfen angesichts der reaktionären Gefahr der Besorgten keinesfalls aus dem Blickfeld geraten. Sie sind hier nur nicht Gegenstand.

Schließlich wäre es vermessen, besorgte Bürger selbst als Adressaten dieses Buchs aufzufassen. Dafür ist die Macht der Agitation zu stark, ergänzt vom Umstand, dass vor allem psychologische Muster von (vorgeschobener) Angst, von Frustration und Hass das Denken und Handeln der Besorgten tragen. Wer gegen Widersprüche und den nüchternen Blick aus dem Fenster derart resistent ist, wird für sachliche Argumente kaum zugänglich sein. Mit diesem Typus eines politisch

übersetzten Psychogramms werden womöglich nur Psychologen fertig. Stattdessen stehen zwei andere Ziele im Fokus: Einerseits soll das Wörterbuch Argumentationshilfen liefern, um sich nicht im Dickicht besorgter Sprache zu verfangen. Zu viele ihrer teils abgedrehten Deutungen haben bereits Eingang in den normalen Sprachgebrauch gefunden. Bestes Beispiel ist das Wort Asylkritik, das harmlos einkleidet, was beinharte Ausgrenzungspraxis ist. Oder Flüchtlingskrise, die immer wieder hergestellt wird, statt sie einfach vorzufinden. Wenn es andererseits gelingen sollte, ein paar Leute davor zu bewahren, in die Falle besorgter Angstmacherei zu laufen, wäre schon viel gewonnen.
Dass manche Einträge länger, andere kürzer sind, hat keinen tieferen Sinn. Manche Texte beziehen ihre Beispiele aus sächsischen Verhältnissen, was dem Wohnort einiger Autoren geschuldet ist. Dabei steht Sachsen vielleicht Modell, einsam ist es dennoch nicht. In unterschiedlicher Häufung und Intensität lassen sich besorgte Muster überall finden. Auf unserem Blog (*sprachlos-blog.de*) werden sicherlich mit der Zeit weitere Begriffe erscheinen, die hier keinen Eingang gefunden haben. Es bleibt zu befürchten, dass die Bewegung der besorgten Bürger noch lange nicht am Ende ist. Dessen ungeachtet enthält der Blick auf ihre Sprache nicht nur Politisches, schon gar nicht trockene Theorie, sondern ist gern auch von Humor getragen.

Robert Feustel
Nancy Grochol
Tobias Prüwer
Franziska Reif
www.sprachlos-blog.de

!!1!1!! Fünf Ausrufezeichen sind »ein sicheres Zeichen dafür, daß jemand die Unterhose auf dem Kopf trägt«, witzelt eine Figur im Terry-Pratchett-Roman *Mummenschanz.* Ausrufezeichen müssen dazu herhalten, die Unmöglichkeit des Schreiens im geschriebenen Wort aufzufangen. Und weil die Frustration besorgter Bürger kaum zu steigern ist angesichts der ▸Manipulationen und Bedrohungen, die das deutsche ▸Volk erleiden müsse, ertönt jeder Satz mit zornbebender Stimme. Die Zahl der Ausrufezeichen markiert die Erregungsleiter. Zwei, drei wirken ruhig und besonnen. Ab acht wird die Wut anschaulich, bei 30 droht die Halsschlagader zu platzen. Die alte Kunst der Argumentation ist einem marktschreierischen Überbietungswettkampf gewichen: Jede noch so absurde Aussage beweist ihren Wahrheitswert anhand der Häufung einer Punkt-Strich-Kombination am Satzende. Die erregte Gesellschaft hat ihr Lieblingszeichen gefunden. Im Eifer des Gefechts und in Unkenntnis der Feststelltaste schleicht sich hin und wieder eine 1 ein, was der Angelegenheit beinahe einen typographischen Charme verleiht. Das wäre eine Randnotiz, würden die Besorgten nicht auf die Reinheit der deutschen Sprache pochen, die ein Ausrufezeichen nur bei einem Satz mit Imperativ vorsieht. Also wirklich selten. Und immer nur eins. [rf]

89 1989 war das Jahr, in dem mächtig was los war im Osten. Die Leute gingen in vielen Städten auf die Straße, riefen unter anderem »Wir sind das Volk« und am Ende gab es keine DDR mehr – so die verkürzte Wahrnehmung. Die wackeren Gida-Montagsspaziergänger meinen, Parallelen zur Gegenwart zu erkennen. »Ihr habt es geschafft, dieses Unrechtsregime dahin zu schicken, wo es hingehört, auf den Müllhaufen der Geschichte«, ruft Michael Stürzenberger am Jahrestag des Mauerfalls 2015 von der Leipziger Legida-Bühne. Und legt den Zuhörern nahe, es ein gutes Vierteljahrhundert später wieder so kommen zu lassen. Ähnliches schwebt auch Redner Graziano vor, der hofft, »dass wir alle gemeinsam es doch schaffen werden, dieses Regime zum Umdenken zu bringen, genau wie damals vor der Wende 1989. Sowas kann sich von heute auf morgen ändern und ihr wisst es: Das geht ruckzuck.« Weil ein Häufchen Getreuer in Leipzig alleine nicht in der Lage ist, derart Großes zu vollbringen, fallen die Namen von Städten, in denen der Protest ebenfalls lodert: Chemnitz, Duisburg und Kassel sind zu hören, Stendal, Goslar, Gera. Es seien viele

»Patrioten« regelmäßig auf der Straße, »die dieses Regime nicht mehr länger ertragen können«. Im »Regime« und den abendländischen Protesten dagegen findet am selben Tag eine weitere Rednerin nicht nur Parallelen. Eigentlich sieht sie keine Unterschiede mehr zwischen früher und heute: Leute werden von Arbeitgebern und Kollegen wegen ihrer politischen Meinung schikaniert, die Kanzlerin ist eine ehemalige IM (▸Erika), Parteien und Presse sind gleichgeschaltet. »Wir sind das Volk!« und »Merkel muss weg!« sekundieren die Zuhörer und sind sich sicher, dieses Regime knickt vor ihnen ein, wie 89 der DDR-Staatsapparat. [fr]

Abendland

»Abendland in Christenhand«: Vor einigen Jahren ging die österreichische FPÖ mit dieser Parole in den Wahlkampf, suggerierend, das Abendland befinde sich nicht mehr in christlichen Händen. Dann wäre es aber gar nicht mehr das Abendland, weil das dem Konzept nach nur christlich sein kann. Von der problematischen Verstrickung beziehungsweise Gleichsetzung von ▸Demokratie und gesellschaftlicher Verfasstheit mit Religion (▸christlich-jüdisch) abgesehen, dient das Abendland bis heute als Abgrenzungsmetapher.

Ursprünglich bezeichnete das Abendland – Okzident – nur jene westlichen Lande der bekannten Welt, die der untergehenden Sonne am nächsten liegen. Der Nahe Osten wurde hingegen Morgenland – Orient – genannt. Von der geografischen Ordnungsvorstellung wurde das Abendland dann zum Kampfbegriff. Es soll irgendwie die antike Philosophie mit dem Christentum (christlich-jüdisch) verschmelzen und damit einen über die Zeiten hinweg homogenen europäischen ▸Kulturkreis behaupten. Mit dem Begriff setzte sich das lateinische Christentum vom orthodoxen in Byzanz auf Distanz. Dann diente es als Konzept gegen die Angriffe der Türken, wurde gezielt gegen ▸Muslime verwendet; auch Juden waren lange außen vor. Bei Autoren wie Oswald Spengler (▸Untergang des Abendlands) gerinnt es später zur Beschreibung eines ursprünglichen Europas, das von Kapitalismus und Demokratie im Westen und Kommunismus im Osten in die Zange genommen wird. So gerierte sich auch Adolf Hitler als Verteidiger des Abendlands. In Zeiten des Kalten Kriegs wird es – dann inklusive USA – als Wertegemeinschaft gebraucht, die vorm Ostblock zu verteidigen sei.

Allmählich verblasste sein Glanz, aber nicht ganz. Noch 1997 hielt der damalige Bundeskanzler Helmut Kohl in einer Rede die Fahne hoch: »Lassen wir uns nicht von jenen beirren, die meinen, über den Begriff des ›christlichen Abendlandes‹ spotten zu müssen. Die Werte und Anschauungen, die unser christliches Abendland verkörpert, sind älter als die pseudophilosophischen Denkschulen unserer Zeit und werden auch noch zu einem Zeitpunkt bestehen, diskutiert und gelebt werden, an dem so manche der modernen Weisheiten und Wahrheiten schon lange vergessen sein werden.« Pegida hat das Wort wieder populär gemacht und seither trampeln auch viele Nichtgläubige unter dem Namen »Patriotische Europäer gegen die Islamisierung des Abendlandes« als wütende Demonstranten durch Dresden & Co. [tp]

A

Afrikaner

Afrikaner, tönte Björn Höcke von der AfD, hätten eine andere Reproduktionsstrategie als Europäer. In den nördlichen Breiten zeuge man weniger Kinder, um »die Kapazität des Lebensraums optimal ausnutzen« zu können (K-Strategie). Soll heißen, für Europäer gebe es keinen Grund, auch territorial zu expandieren, da alle genug Platz hätten. »Afrikanern« hingegen attestierte er, sie würden auf Kinderreichtum setzen, um die Bevölkerung möglichst stark anwachsen zu lassen (r-Strategie). Da all die Menschen aber Raum bräuchten, kämen viele aus Afrika nach Europa. Solange man sie hier aber aufnehme, würden sie nie lernen, nach der europäischen Strategie zu vögeln.
Höcke bedient sich in astrein rassistischer Manier bei der Biologie, wo es für die Tierwelt heißt, dass Säugetiere weniger Nachwuchs bekommen, um den sich die Eltern intensiv kümmern (K-Strategie). Bakterien, Läuse und Fliegen vermehren sich nach der r-Strategie: Eine hohe Reproduktionsrate sichert nicht das Überleben des Einzelnen, aber der Art.
Als Bakterien oder Läuse gelten »die Afrikaner«. In diesem falschen Sammelbegriff für sehr viele, sehr unterschiedliche Menschen eines ganzen Kontinents und in der widerlichen Überblendung von Menschen und Insekten drückt sich die bodenlos rassistische Abwertung des schwarzen Anderen aus. Wie zerrüttet muss das Selbstwertgefühl sein, wenn es solcher Argumentationen braucht, um sich überlegen und gut zu fühlen? [ng]

Ahu! Die sinnentleerteste Besorgtenparole verbreiten die Hooligans gegen Salafisten (HoGeSa). Unter dem Schirmbegriff können sich Einzelpersonen oder Gruppen zu Aktionen (Demos, Straßenschlachten) ohne festen Organisationskern sammeln. Das dumpfe, im Endlosband wiederholte »Ahu! Ahu! Ahu!« ist der begleitende Kampfschrei, etwa als eine HoGeSa-Demo 2014 in Köln eskalierte. Der Schlachtruf tauchte wohl das erste Mal bei Fans des FC Hansa Rostock auf und machte dann die ganze Hoolrunde. Er entstammt der Comic-Verfilmung *300*, die sehr frei die Schlacht bei den Thermopylen wiedergibt: An diesem Engpass haben Spartaner 480 v. u. Z. einer persischen Übermacht getrotzt. Muskelgestählte Männerkörper, inszeniert als Phalanx gegen die ▸Fremden, »Ahu!« dient als Ausweis ihres Intellekts. Das muss Fans der dritten Halbzeit gefallen.
Popkultur statt Politik: Auch die Identitären (▸Identität) griffen zur Sparta-Inspiration, die Abkürzung via *300* ist wahrscheinlich. Ihr gelbes Signet Λ auf schwarzem Grund greift das Lambda-Zeichen auf, das die spartanischen Fußsoldaten auf ihren Schilden trugen. Als martialisches Symbol nutzt auch Tatjana Festerling, die ihre Hoolsympathie nie verhehlte, den Ruf. Angesichts des Merkel-Besuchs am 3. Oktober 2016 in Dresden geiferte sie: »Hier wirst du dein Blaues Wunder erleben! Deine Speichellecker, Hofschranzen und Schoßhündchen im Bundestag und bei der deutschen Presse mögen einen Nichtangriffspakt mit dir geschlossen haben – WIR NICHT! Im Gegenteil (…) stehen die Zeichen auf Attacke. Also, GröKaZ, trau' dich – AHU!« [tp]

Altmedien Der Begriff meint eine »Pfründegemeinschaft«, deren Merkmal die »inhaltliche Gleichschaltung« und ihre »gemeinschaftliche Status-quo-Fixierung« sei, so Björn Höcke, Vorsitzender der AfD-Fraktion im Thüringer Landtag. Nein, das Wort ▸»Lügenpresse« habe er (seines Wissens) nie in den Mund genommen, den Begriff »Lückenpresse« würde Höcke indes gerne »seiner Verwendung zuführen«. Aber er sagt lieber »Altmedien«. Klingt vornehmer – Höcke ist immerhin beurlaubter Gymnasiallehrer –, meint aber nichts anderes: den an Selbstbereicherung interessierten, verkommenen Haufen von Journalisten mit falschem »volkspädagogischem Anspruch«.
Deshalb erklärt Höcke »die Zeit des Rechtfertigens für beendet« und schreitet weiter auf dem Weg seiner Partei, den er als »unkonventio-

nell« beschreibt. Mit Günther Lachmann, dem Pressesprecher seiner Fraktion im Thüringer Landtag, an seiner Seite.
Der kommt aus den Altmedien. Das allein wäre aus Höckes Perspektive unkonventionell genug, aber er setzt noch einen drauf. Lachmann musste das Altmedium *Die Welt* verlassen, weil er neben seiner Redakteurstätigkeit eine Pfründegemeinschaft mit der AfD gründen wollte. Er soll Höckes Parteikollegin Frauke Petry angeboten haben, sie für 4.000 Euro im Monat zu beraten. Nebenbei, denn er wollte für *Die Welt* weiter der zuständige AfD-Berichterstatter bleiben. Der Deal kam nicht zustande, Lachmann musste nach den Bestechlichkeitsvorwürfen das Blatt verlassen.
Aber quo vadis ohne Altmedien? Gerade als jemand wie Höcke, der sicherheitshalber eine Deutschlandfahne mit in die Talkshow nimmt, um auf jeden Fall Schlagzeile zu machen. Als Mitglied einer Partei, deren Spitzenpersonal den Dreiklang »provozieren – relativieren – dementieren« überhaupt als Kommunikationsstrategie erfunden hat. Sie würde ohne die Altmedien, die altbacken an der Routineformel »Es gilt das gesprochene Wort« festhalten, nicht funktionieren.
Auf dem Gipfel der Empörung »bedauert« Höcke, dass seine rassentheoretische Rede über den »lebensbejahenden afrikanischen Ausbreitungstyp« (▸ Afrikaner), der auf »den selbstverneinenden europäischen Platzhaltertyp« treffe, zu »Fehldeutungen« geführt habe. Parteikollege Alexander Gauland konnte sich zunächst nicht erinnern, Boateng im Gespräch mit der *Frankfurter Allgemeinen Sonntagszeitung* überhaupt erwähnt zu haben. Stunden später räumte er dann doch ein, »dass die Leute einen Boateng« nicht als Nachbarn haben wollten. Das hätte er aber nicht als Person Gauland, sondern quasi als Medium der Leute gesagt. Er kolportiere also nur die Stimme des Volkes. Die Altmedien zerbrachen sich den Kopf: Darf man jemanden verurteilen, weil er sagt, was seiner Meinung nach die Leute denken? Unklar. Ein weiteres Meisterstück der Verwirrung gelang AfD-Chef Jörg Meuthen: »Wenn die NPD vernünftige Vorschläge macht«, würde die AfD nicht gegen sie stimmen. Schon am nächsten Tag behauptete er die klare Abgrenzung zu »allen extremistischen Positionen und Parteien« (▸ Extremismus).
Gäbe es die Altmedien nicht, würde dieser Wahnsinn kaum auffallen. Thomas etwa ist Gegner der wirklichkeitsverzerrenden »Altmedien« und feiert in seinem Blog sein zehntes Jahr ohne Altmedien mit

A

den Worten: »Keine Sorge, ich schaffe es auch ohne stundenlange Berieselung, meinen Tag zu füllen. Problemlos auch mit sinnlosem Scheiss«. [jest]

Altparteien Altparteien, auch etablierte Parteien, System- oder Blockparteien, sind »die da oben«. Wenn Gida ankündigt, so lange im Kreis zu spazieren, bis die Regierung ihre Forderungen erfüllt, sagt das mindestens zwei Dinge über ihr Weltbild aus. Einmal, dass sie nicht begriffen haben, wie eine ▸ Demokratie funktioniert. Andererseits, dass sie »die da oben« als komplett von der eigenen Lebenswelt getrennt wahrnehmen, als politische Kaste der Alt-, System- und Blockparteien, die allen Debatten im Bundestag zum Trotz in eine Schublade passen.
Dort regiert ein verordneter monolithischer Meinungsblock, sitzen saturierte Herrschaften der Altparteien, die vom System profitieren, das sie am Leben halten. Ernährt werden sie von den Steuern, die das stets und ständig betrogene Volk entrichtet. Vom Alltag der Bevölkerung wissen diese Leute nichts, schon gar nichts von deren ▸ Sorgen, die sie regelmäßig auf die Straße treiben, um Reden zu bejubeln, in denen »wir« gegen »die« wettern. Entsprechend hieß es von der Legida-Bühne im Frühjahr 2015 wissend, dass »die etablierten Parteien beginnen, Angst zu haben«. Die imaginierten Widerständler unterscheidet Folgendes von diesem »Scheißhaufen«, der »korrupt« sei: »Ihr seid hier aus freiem Willen, und vor diesem Geist der ▸ Freiheit und Unabhängigkeit erzittern diese Systempolitiker.« Dass nach dem Wahlsupersonntag ein gutes Jahr später am 13. März 2016 die Hauptnachrichten der Öffentlich-Rechtlichen mehrfach das Wort »Etablierte« verwendeten, um alle Parteien außer der AfD zu bezeichnen, dürfte dieser gut gefallen. Im Vergleich mit den Altparteien wollen die kämpferischen Kräfte von Gida und AfD nicht nur wie die Frischlinge auf dem politischen Parkett erscheinen, die sie teilweise sogar sind. Sie wollen vor allem als gerechte Kämpfer mit dem Ohr am Volk dastehen, die selbiges wirklich repräsentieren können.
Wenn die AfD sich als Teil des Volkes inszeniert, beginnt die Rhetorik um »System« und »Etablierte« zu schillern. Wer so tut, als wolle er den Politikladen aufmischen, aber bereits in einer Handvoll Parlamente sitzt, Steuergelder kassiert und bei der Bundespressekonferenz spricht, befindet sich nicht nur in einer Etablierungsspirale,

sondern vor allem in einem interessanten Spagat zwischen »wir« und »die«. [fr]

Angst Angst ist erstens ein subjektives Gefühl, die gleichermaßen drängende wie diffuse Empfindung, bedroht zu sein. Angst ist zweitens eine Emotion, der für andere – etwa als Erbleichen, Zittern oder Schweißausbruch – sichtbare individuelle Ausdruck dieses Bedrohungsgefühls. Angst ist drittens ein kollektiver Affekt, eine überindividuelle Stimmung des Bedrohtseins, die Welt- und Selbstwahrnehmung in toto einfärbt. Angst als Affekt unterläuft die Differenz von Verstand und Gefühl, sie wirkt ansteckend und kann sich bis zur Massenpanik steigern. Viertens schließlich besitzt Angst auch eine kommunikative Dimension. Von Angst wird geredet, und sie verbreitet sich, indem von ihr geredet wird. Besonders in politischen Auseinandersetzungen fungiert sie als Argument, mit dem sich nahezu alles rechtfertigen lässt.

Angstkommunikation dramatisiert und erzeugt einen Sog. Sie signalisiert: Die Sache ist dringlich. Zeit kennt sie nur als stets viel zu knappe Frist. Die Angstuhr steht immer auf fünf vor zwölf. Wer Angst sagt, schaltet um in den Alarmmodus. Es muss etwas geschehen, und zwar sofort. Daraus folgt eine Dynamik der Überbietung, die in sich selbst keinen Haltepunkt findet: Immer ist da jemand, der sagt, es gehe nicht schnell genug, es werde nicht genug oder das Falsche getan, und überhaupt sei die Lage noch viel schlimmer, als die Verantwortlichen zugeben. Das Sprechen über Angst wirkt selbstverstärkend. Je mehr darüber geredet wird, desto größer wird sie. Bestimmen Angstthemen erst die Agenda, können die zu ergreifenden Maßnahmen gar nicht radikal genug sein. Wo die Angst regiert, herrscht die Logik des Ausnahmezustands: Demokratische Aushandlungsprozesse – dauern viel zu lang; humanitäre Erwägungen – ein Luxus für bessere Zeiten. Schon Fragen zu stellen heißt, dem Gegner in die Hände zu spielen. Stattdessen wird die Wirklichkeit radikal vereinfacht: Wir oder die Anderen, Freund oder Feind, Schwarz oder Weiß. Für Zwischentöne und Ambivalenzen bleibt kein Platz. Als subjektives Gefühl mag Angst quälend sein, als Brille, durch die man auf die Welt schaut, ist sie verlockend. Sie löst zwar keine Probleme, aber entlastet ungemein.

Die Berufung auf Angst hat einen weiteren strategischen Vorteil: Wer die Angstkarte ausspielt, unterläuft jede Kritik. Man kann sie nicht widerlegen, weil sie auf die Authentizität ihres Gefühls pocht. Auf jeden Einwand wird erwidert: »Aber ich *habe* doch meine Angst! Wer wollte sie mir bestreiten?« Der Affekt immunisiert gegen ▸Fakten. Es kommt nicht so sehr darauf an, ob etwas stimmt, als dass es affektiv anschlussfähig ist. Was dem Zirkel der Selbstverstärkung zuwiderläuft, wird geleugnet oder als Komplott der ▸Lügenpresse denunziert. Wer auf überprüfbare Tatsachen pocht, gilt selbst als Teil der Bedrohung. Die Angstrhetorik erzeugt einen Erregungszustand, in dem noch die abstrusesten Geschichten Glauben finden. Statt um Sachhaltigkeit geht es um Einschwingen in den Sog. Daraus speisen sich antisemitische Verschwörungstheorien ebenso wie xenophobe Horrorgeschichten. Angstkommunikation beansprucht für sich zwar gute Gründe, entzieht sich aber dem Anspruch auf Begründbarkeit. Weil sie keine Gegenrede duldet und die Vernunft immer schon auf ihrer Seite weiß, lizenziert sie die Unvernunft.

Zugleich bringt die kommunizierte Angst, die Angst als Argument, erst das Gefühl, die Emotion, den Affekt hervor, auf die sie sich beruft. Angst ist etwas, in das man sich hineinreden, das man sich oder anderen einreden kann. Sie ist nicht zuletzt ein Effekt des Sprechens über Angst. Populistische Agitatoren wissen das zu nutzen, und die sozialen Netzwerke fungieren als mediale Affektverstärker. Damit der Erregungspegel nicht absinkt, darf der Strom der Facebook-Einträge, Online-Kommentare und Tweets nicht abreißen.

Dass Angst im Unterschied zur Furcht diffus ist, bedeutet nicht, dass sie kein Objekt hat, es bedeutet vielmehr, dass sie sich auf alles Mögliche richten kann (▸Sorge). Sie sucht sich ihre Anlässe und erfindet sie notfalls. Gleichwohl sind sie nicht beliebig. Es gibt einen gesellschaftlichen Fundus an Situationen und Figuren, vor denen wir Angst haben dürfen oder sollen. Aus ihm bedienen wir uns intuitiv, und die populistischen Angstmacher wissen nur zu gut, welche Register sie ziehen müssen. Sie sind Resonanzvirtuosen, die geschickt jene Motive anspielen, die ihr Publikum hören will. Das Stichwortverzeichnis des AfD-Wahlprogramms liest sich wie das Ranking populärer Ängste der Deutschen, das die R+V-Versicherung jährlich erstellen lässt.

Affekte sind nicht nur beweglich im Hinblick auf ihre Objekte, sondern auch auf ihre Qualität. Selten ist ihre Färbung eindeutig, Mischungen unterschiedlicher Affektlagen sind die Regel. Angst, Wut und Hass gehen ineinander über, oder das eine kippt schlagartig ins andere um. Entscheidend ist ohnehin die Intensität der Erregung. Auch deshalb lässt sich Angstkommunikation so schwer fassen: Was lauthals beschworen wird, ist nicht unbedingt das, was tatsächlich getriggert und mobilisiert wird. Stimme, Mimik oder die verwendeten Sprachbilder verraten hier oft mehr als die expliziten Aussagen. Es bedarf keiner besonderen hermeneutischen Fähigkeiten, um festzustellen, dass bei denjenigen, die derzeit am lautesten von den Ängsten der Menschen und dem drohenden Untergang des deutschen ▸Volkes schwadronieren, eher Aggression als Angst am Werk ist. Ihr Brüllen verrät sie. Angst ist das Argument, in das sie ihren Hass gegen ▸Flüchtlinge und ihre Wut gegen die etablierte Politik kleiden. Sie wollen geradezu Angst haben, um sich aufregen zu können, wollen Angst machen, damit auch andere es tun. Als Sprechakt zeitigt der Satz »Ich habe Angst vor den Fremden« andere Effekte als die Aussage »Ich hasse sie«: Wer sich auf seine Angst beruft, beansprucht ernst genommen zu werden; aber kein noch so besorgter Politiker käme auf die Idee zu fordern, man müsse den Hass der Menschen ernst nehmen und deshalb die Asylgesetze verschärfen. Wenn die Demagogen rhetorisch illegitime in legitime Affekte konvertieren, können sie sicher sein, dass ihr Publikum sie schon richtig versteht. Für das augenzwinkernde Einverständnis braucht es nicht mehr als einen gemeinsamen Sündenbock.

Die realen oder erdichteten Angstgeschichten, die man nicht müde wird in immer neuen Varianten zu erzählen, gewähren obendrein eine perfide Befriedigung. Insbesondere die Obsession, mit der Berichte über angebliche oder tatsächliche sexuelle Übergriffe ausgebreitet werden, zielt unmittelbar auf eine Mischung aus Faszination und Abscheu – und damit selbst auf einen sexualisierten Erregungszustand. Es ist ein ähnlicher Mechanismus wie bei den Nachrichten über Kriminalfälle in der Zeitung. Auch da erhalten Sexualdelikte die höchste Aufmerksamkeit. Zugleich darf man sich seinen eigenen Gewaltfantasien hingeben, weil man sie auf die ▸Fremden projiziert. Hier greift unmittelbar das rassistische Klischee vom triebgesteuerten, patriarchalisch geprägten schwarzen Mann, der sich der weißen Frau bemächtigt (▸Afrikaner, ▸deutsche Frau). Wenn solche Geschichten politisiert werden, geht es immer auch um das Verhältnis von Sex und Macht, von Sex und Gewalt. Psychoanalytisch gesehen ist offenkundig: Was am meisten verdammt wird, wird auch heftig begehrt, und sei es nur, dass begehrt wird, darüber zu reden. Sich aufzuregen ist auch eine Art des Sich-Aufgeilens. Aus ähnlich trüben Quellen speisen sich die Debatten um ein Burka-Verbot: So leidenschaftlich, wie sie sich dafür ereifern, muss die Vorstellung, einer muslimischen Frau in der Öffentlichkeit qua Gesetz den Schleier herunterzureißen, auf viele deutsche (französische, österreichische ...) Männer höchst erregend wirken. Auf die Idee, das als Beitrag zum Kampf gegen den Terror oder als Maßnahme zur ▸Integration zu verkaufen, muss man jedenfalls erst mal kommen.

Solche symbolischen Scheingefechte kennzeichnen die aktuellen Politiken der Angst insgesamt: Die mühsame Suche nach Lösungen überlassen die populistischen Affektmanager den verachteten ▸Gutmenschen, die dumm genug sind, noch daran zu glauben. Stattdessen bieten sie wohlfeile Gelegenheiten, sich zu einer Erregungsgemeinschaft zusammenzurotten, zivilisatorische Hemmungen hinter sich zu lassen und das Mütchen an Schwächeren zu kühlen. Es denen »da oben« mal richtig zu zeigen, verschafft zusätzliche Befriedigung. Die Panikreflexe von Horst Seehofer (CSU) bis Sahra Wagenknecht (DIE LINKE) reichen, damit der ▸kleine Mann sich ganz groß vorkommt. Was braucht es ein Programm, wenn man ein Feindbild hat? Die Angstrhetorik suggeriert eine Notwehrsituation: Weil die Gefahr so groß ist und die Regierenden versagen, so die Botschaft, müssen die Aufrechten die Sache selbst in die Hand nehmen. Um »Asylchaos«, »Terrorgefahr«, ▸»Islamisierung des ▸Abendlands« und »großen Austausch« abzuwehren, ist dann alles erlaubt – am Ende auch brennende Flüchtlingsunterkünfte.

Sollte man die Ängste, welche die völkischen Hetzer unentwegt im Munde führen, also besser ignorieren, um die Erregungsspirale nicht weiter anzutreiben? Das sicher nicht. Einiges wäre schon gewonnen, wenn man ihre Worte nicht für bare Münze nähme, sondern den Hass darin hörte, der sich als Angst unangreifbar zu machen versucht. Selbstverständlich gibt es auch Menschen, die sich ängstigen, ohne gleich nach Sündenböcken Ausschau zu halten. Umso wichtiger, ein Sensorium zu entwickeln für die Unterschiede und Übergänge zwischen Angst und Hass, zwischen Angst als Gefühl, Emotion, Affekt – und als rhetorische Allzweckwaffe. Fatal ist dagegen die Parole »Wir müssen die Ängste der Menschen ernst nehmen«, mit welcher Politiker der etablierten Parteien der völkischen Konkurrenz das Wasser abzugraben versuchen. Wem zum grassierenden Fremdenhass nichts anderes einfällt, als mantrahaft herunterzubeten, die Menschen hätten begründete Ängste und die Politik müsse darauf eingehen, sonst wählten sie halt die AfD oder demonstrierten mit Pegida, der bewirtschaftet Ressentiments und lässt sich von den rechten Bewegungen vor sich hertreiben. Umgekehrt wird ein Schuh daraus: Es gibt in unserer Gesellschaft ein erhebliches Potenzial an fremdenfeindlichen, islamophoben und antisemitischen Einstellungen. Alle empirischen Untersuchungen belegen, dass diese sich keineswegs auf rechtsextreme Gruppen beschränken, sondern längst in der Mitte der Gesellschaft angekommen sind (wenn sie nicht immer schon dort zu Hause waren). Es sind viele, die es drängt, ihren Hass endlich auszuleben – zumindest verbal. Um das tun zu können, berufen sie sich auf ihre Angst. Anlässe finden sich dann. Es sind nicht alle rechts, die von Angst reden. Aber wer Angst sagt, hat auch nicht automatisch Recht. [ub]

Antifa

Die Antifaschistische Aktion umfasst Gruppen und Organisationen im radikalen und autonomen Spektrum der Linken in Deutschland, einschließlich einiger Knalltüten. Gegenstand ihrer Kritik und Aktionen sind (▸völkischer) Nationalismus, Antisemitismus und Rassismus. Sie richtet sich gegen Neonazis, Neue Rechte und chauvinistische oder rassistische Tendenzen in Politik und Staat. Das Verhältnis zwischen Antifa und Staat ist insofern – sagen wir – angespannt. Zwar macht spätestens seit Deutschland als Land der Vielfalt vermarktet wird und Gerhard Schröder im Jahr 2000 zum »Aufstand der Anständigen« gerufen hat das Wort Staats-Antifa die Runde. Der gewachsene Standortnationalismus verzichtete zugunsten der Wettbewerbsfähigkeit in den globalen (Arbeits-)Märkten zumindest auf die offensichtlichen Teile des traditionellen deutschen Rassismus. Auch fließen mittlerweile ein paar Mittel für die Förderung von Demokratie und Antidiskriminierung. Aber die Reaktionen aus der Antifa-Szene auf diese Entwicklungen waren skeptisch. Es gibt weiterhin direkte Aktionen, immer dort, wo Nazis gefährlich werden, und gegen den Staat, wo er Nationalisten schützt; kombiniert mit gelegentlichem »Ausschlafen gegen Rechts« (und für ganz andere Verhältnisse). Von staatlicher Seite ist die Feindbestimmung immer noch recht klar: Dank der Extremismusdoktrin gehört die Antifa-Szene weiterhin zum liebsten Feindbild der Verfassungsschutzbehörden und anderer Teile des Sicherheitsapparats (▸Extremismus).

Aus besorgter Perspektive handelt es sich bei der Antifa um eins der am besten getarnten taktischen Instrumente des Systems, das besonders seit der »Machtübernahme« durch Angela Merkel an Bedeutung gewann. Seine Hauptfunktion besteht darin, die Verbreitung der ▸Wahrheit bei Demonstrationen, an Informationsständen oder auf Veranstaltungen zu stören. Schon vor der jüngsten Besorgniswelle war der Begriff Staats-Antifa in rechten Kreisen falsch verstanden und zum Kampfbegriff gegen einen vermeintlichen Konsens des Systems zwischen ▸Altparteien und Linken (▸links) umgedeutet worden. Fortan galt jede Form der Störung als Ausdruck der staats-antifaschistischen Zersetzung des deutschen Volkswiderstands – vom (gegen Rechts selten eingesetzten, aber aus der Opferperspektive gern kolportierten) Polizeiknüppel bis hin zu allen möglichen Formen zivilgesellschaftlicher Proteste.

Natürlich wurden auch bei dieser Geschichte die ▸Sorgen endlos potenziert. So zieht seit Februar 2015 ein unglaublich echtes internes Rundschreiben eines Antifa e.V. seine Kreise in den Besorgten-Netzwerken, mit dem endlich Klarheit geschaffen wurde: staatliches Demogeld (»25 Euros! das sind 50Mark!! pro stunden!!!1«, ▸!!1!1!!), organisierte Anfahrt, gestellte Arbeitskleidung. Seither hat sich die Meldung verselbstständigt, etwa als die *taz* sie wiederholte. Erika Steinbach (CDU) vertwitterte die offensichtliche Satire als authentisch, die AfD formulierte dazu Landtagsanfragen. Die Jusos forderten auf ihrem Bundesparteitag eine Erhöhung des Demogeldes auf 45 Euro (»jez reicht es entgültig!1!!«). Entstanden ist ein soziales Experiment, das die verschwörungstheoretische Elastik laufend weiter testet. Vom Antifa e. V. und der bald aufgrund der enormen zu verwaltenden Summen gegründeten Antifa GmbH sowie der zugehörigen Antifa-Gewerkschaft werden seitdem täglich neue staatlich finanzierte Schmankerl für die Mitglieder angeboten – und noch jedes davon hat es in den besorgten digitalen Äther geschafft. [mr]

Antifa e.V. ▸Antifa

Asylant Aus Asyl (Zufluchtsort) und der Endung -ant als Bezeichnung für eine Person gebildet, ist das Wort Asylant nicht unbedingt semantisch negativ beladen. Es könnte schlicht eine Person bezeichnen, die an einem Zufluchtsort lebt. Doch dem Begriff haftet etwas Abwertendes an. Grammatisch ist das kaum zu erklären: Die hin und wieder ins Feld geführte negative Konnotation, die mit der Endung -ant einhergeht, ist nicht konsequent erkennbar. Zwar stehen Simulant, Querulant oder Dilettant in einem schlechten Licht, aber Lieferant oder Musikant durchbrechen diese Systematik.

Dennoch sollte zumindest den Menschen, die vor 1985 geboren wurden, die (deutsche) mediale und politische Verwendungsgeschichte von »Asylant« präsent sein. Ab den späten 1970ern wurden Menschen, die einen Antrag auf Asyl stellten, Asylanten genannt; mit der Bezeichnung kam eine Parallelform zu ▸Flüchtling auf. Nun wurde nicht mehr (wie nach dem Zweiten Weltkrieg) auf den Grund von Migration abgestellt, die Flucht, sondern das Ziel wurde markiert: Menschen wollten in Deutschland Asyl, vielleicht sogar dauerhaft. Zudem waren mit Asylanten nicht allgemein Ausländer gemeint, sondern vor allem Migranten aus armen Ländern – nicht Franzosen oder US-Amerikaner, sondern Rumänen, Russen, Vietnamesen.

Kurz nach 1989 brachen sich Rassismus und Fremdenhass Bahn: Die frühen 1990er waren besonders im Osten geprägt von neonazistischen Morden und Gewalttaten. Der Gipfel war das Pogrom in Rostock-Lichtenhagen im Sommer 1992. Über Monate hatten Medien den Begriff Asylant mit Metaphern zu hetzerischen und Panik verbreitenden Schlagzeilen kombiniert, so etwa die *Bild* im April 1992: »Fast jede Minute ein neuer Asylant. Die Flut steigt – wann sinkt das Boot?« Politiker sprachen vom »ungebremsten Zustrom von Asylanten«, dem nur mit »einer neuen Mauer« Einhalt geboten werden könne (▸Mauer). 1993 wurde das Asylrecht stark eingeschränkt, das Wort Asylant verschwand aus Politik und Medien. Nun war die Rede von Asylbewerbern – ein Begriff, der auf den ersten Blick positiver klingt, aber in dem steckt, dass sich Menschen um Asyl bewerben müssten. Ein Umstand, der gerade mit der Abschaffung des allgemeinen Rechts auf Asyl, wie es die Genfer Flüchtlingskonventionen und die Menschenrechte fordern, einen Beigeschmack hat.

Besorgten ist diese Wortgeschichte schnurz. Oder sie sprechen bewusst weiterhin von (Merkel-)Asylanten, die ihnen die Arbeit wegnehmen, Frauen schänden, das Land madig machen (▸Danke, Merkel!). Auch in anderen Komposita mit Asyl zeigt sich der fremdenfeindlich besorgte Kern: Mittlerweile gehen Wortungetüme wie Asylforderer oder -anspruchsteller um, die jeweils die angebliche Dreistigkeit der Geflohenen betonen. Die AfD tut sich schwer, einfach von Asyl zu reden. In ihrem Parteiprogramm findet sich häufiger Asylzuwanderung, die kaum verhehlen kann, dass Zuwanderung hier als Problem verstanden wird. Den »rechtstreuen Asylbewerbern« stehen die »irregulären Migranten« gegenüber. Vermutlich hatte die AfD gute Medienberater, die sich an die 1990er erinnern können. Ausweichmanöver und Wortschöpfungen sollen die Xenophobie verdecken. [ng]

Asylforderer

▸Asylant

Asylindustrie

Eigentlich treibende Kraft hinter der ▸Flüchtlingskrise ist die Asylindustrie. In gewissen Kreisen etablierte sich die zeitgemäße Notwendigkeit, auf jede Meldung zu fragen: ▸»Cui bono?« Nur wer erkennt, wem der Lauf der Ereignisse in die Taschen spielt, erkenne auch, was wirklich los ist. Industrie kann erst mal ein neutrales Wort sein und eine bestimmte, eben industrialisierte Produktionsform meinen oder einen Wirtschaftszweig. Im letzteren Fall kann sich ein negativer Beiklang einstellen, wenn etwa die Musikindustrie beklagt wird, die weniger auf den künstlerischen Wert achtet als auf Chartplatzierungen. Der Vorwurf des schnöden Geldverdienen-Wollens steht bei Asylindustrie im Vordergrund. Hier hat man sich gierige Profiteure vorzustellen, die rücksichtslos mit Blick aufs eigene Konto an der Füllung des selbigen arbeiten.

Wer seine Immobilie für Flüchtlingswohnungen an eine Kommune vermietet, wer dort im Wachschutz arbeitet oder als Sprachlehrer, Dolmetscher oder Sozialarbeiter ein und aus geht, auch wer all das plant und verwaltet, gehört dazu. Es braucht nicht viel Fantasie, sich das wahre Ausmaß vorzustellen. Es geht bei der Vorstellung von der Asylindustrie längst nicht mehr um so etwas Banales wie die Frage, ob es nicht gut ist, wenn Geflüchtete ein Dach über dem Kopf finden, und auch nicht darum, ob jemand für Leistungen, die er zur Verfügung stellt, nicht auch entlohnt werden sollte. Vielmehr geht es um die Unterstellung, dass ein weitreichendes, aber so inoffizielles wie intransparentes Netzwerk ein monetäres Interesse an Flüchtlingen hat und somit daran, dass deren »Strom« nicht abnimmt (▸Flüchtlingswelle). [fr]

Asylkritik Bekannt wurde der Begriff (auch: Asylkritiker oder asylkritisch; verwandt: ▸Islamkritik, Israelkritik) während des Aufstiegs von Pegida und AfD. Unbesorgten stieß sein Gebrauch zuerst in konservativen und linksliberalen Massenmedien auf – erstmals irgendwann 2014. Von Anfang an war klar, dass der Begriff nicht adäquat repräsentiert, was damit beschrieben wird. Als sich beispielsweise im sächsischen Heidenau eine »asylkritische Demonstration« als Gewaltorgie entlarvte, fiel bei einigen Medien der Groschen: Vertreter dieser Haltung sind Feuer und Flamme für ihre Kritik und richten sie ganz konkret auf alles, was irgendwie nach pro Asyl (synonym zu deutschenfeindlich) aussieht – Menschen, Unterkünfte, Initiativen, Stadtteile.

Heute wird der Begriff medial demonstrativ noch von der *Jungen Freiheit* und anderen rechten (oder sächsischen) Zeitungen genutzt. Einige haben explizit verkündet, darauf zu verzichten. Die Nachrichtenagentur *dpa* ließ mitteilen, dass der Begriff angesichts der Praktiken selbsternannter Asylkritiker verharmlosend sei. Angestrengt nachgedacht wurde da allerdings nicht, denn die verkündete Alternative Fremdenfeindlichkeit ist aus ähnlichen Gründen schon seit Jahrzehnten dämlich falsch.

Bei Asylkritik handelt es sich um einen Euphemismus, mit dem menschenverachtende Inhalte und Taten als selbstverständliche Meinungsäußerung verharmlost werden. Das haben mittlerweile die meisten Beteiligten verstanden – Nazis und Besorgte, AfD und Pegida, weil sie genau das wollen; der lernfähige Teil der Öffentlichkeit, weil sie erkannt haben, was da passiert. Alle anderen sollten sich fragen, wo sie stehen. Anfangen könnte damit vielleicht der sächsische Verfassungsschutz. Anstatt entsprechende Diskussionen aufzunehmen, hat sich die Behörde entschlossen, gleich einen Begriffsapparat für ihre »Berichterstattung zur Asylthematik« zu entwickeln. »Asylbezogene Veranstaltungen« sind demnach dann »asylfeindlich«, wenn sie von »Rechtsextremisten« organisiert werden (▸Extremismus). Ansonsten sind sie »asylkritisch«. Wie – so hat die Behörde messerscharf erkannt – Pegida, weshalb es da nichts zu beobachten gebe. Das scheint sächsische Staatsräson zu sein, denn Ministerpräsident

Stanislaw Tillich (CDU) geht noch einen Schritt weiter, wenn er von einem irgendwie legitimen »Mantel der Asylkritik« spricht, unter dem illegitime Gewalt und Rassismus verdeckt würden; oder wenn er den Kern der Probleme in der »Auseinandersetzung zwischen Asylgegnern und Asylbefürwortern« entdeckt. Man könnte bei diesen Verhältnissen eine ausgewiesene »Sachsenkritik« entwickeln – wenn man es nicht besser wüsste. [mr]

Atheismus ▸christlich-jüdisch

Aufwachen

Wer aufwacht, hat vorher geschlafen. Nun, mit offenen Augen, ist wieder ein frischer Blick auf die Welt möglich. Der Aufgewachte durchschaut, was läuft. Er ist kritisch bis unbequem, denkt selbst und plappert nichts nach. Dahinter steckt eine bestechende Strategie: Dieser kritische Geist ist qua seines Durchblicks in der Lage, auch den größten Stuss auf der Palette des Verschwörungsdenkens als ▸Wahrheit zu verkaufen.

Auf das Aufwachen folgt das Aufstehen. Den Aufstand – in Rekurs auf ▸89 auch schon mal ▸Wende 2.0 genannt – können freilich nicht einzelne nachdenkliche Zeitgenossen stemmen. Dafür braucht es entflammte Massen. Das Leiden des Aufgewachten liegt nicht am Verlachen seiner Systemkritik durch Zeitgenossen – das ist ihm Bestätigung. Er leidet daran, dass so viele noch schlafen und sich einlullen lassen. Würden alle aufwachen und aufstehen, dann könnte man sich wehren, zur Mistgabel greifen und den Eliten zeigen, was man von ihnen hält. So aber bleibt der Erwachte der einsame Rufer in der Wüste, der tagein, tagaus unermüdlich das Flämmchen der Erleuchtung am Leben erhält. [fr]

Aussterben ▸Umvolkung

Bahnhofsklatscher ▸Gutmensch

BRD GmbH ▸Deutschland GmbH

Bürger Besorgte sind immer auch Bürger – ausschließlich. Sie sind keinesfalls etwas anderes, beispielsweise Neonazis, Landtagsabgeordnete oder Rassisten, sind »weder rechts, noch links« (▸ Mitte), »weder für die eine, noch für die andere Seite«. Nach ihrem Selbstverständnis verkörpern sie eine neutrale Zone innerhalb allen politischen Geschehens und äußern aus diesem zentral gelegenen Vakuum lediglich ihre ▸ Sorgen und ▸ Ängste. Nun ist der Standort zwar recht bequem, sich mit »gesundem Menschenverstand« selbst aus jeglichem Kontext herauszunehmen und von einer behaupteten neutralen Position aus zu sprechen, das bleibt aber Verschleierungsstrategie oder schlichtweg idiotisch.

Das Wort Idiot leitet sich vom altgriechischen Begriff für eine Privatperson ab, die zwar öffentliche Ämter wahrnehmen könnte, es aber nicht tut. Ihr Gegenstück war der *polites* – eine Figur, auf die bis heute Überlegungen zur Stellung des Bürgers in einer demokratischen Gesellschaft zurückgreifen. Die idiotische Sphäre war die des *oikos*, also der Wirtschaft im Sinne der Reproduktion und Überlebenssicherung. Als gäbe es eine begriffsgeschichtliche Kontinuität vom Idioten der griechischen Polis zum besorgten Bürger, begründen auch letztere ihren aufgewühlten Gemütszustand mit der Sorge ums alltägliche Überleben und verweisen auf die Cent-Stücke (▸ D-Mark), die vom vielen Umdrehen bereits abgegriffen sind. Im Zustand ihrer seelischen Aufwallung bemerken sie jedoch nicht, dass sie sich rhetorisch aus der Sphäre des Politischen gleichzeitig sowohl herausnehmen als auch einbringen, und werden zu dialektisch oszillierenden Subjekten.

Dass der Bürger von seiner Begriffsherkunft den Verteidiger eines befestigten Zufluchtsorts bezeichnet, dürfte mehr zum besorgten Selbstverständnis passen, da man sich im Belagerungszustand wähnt (▸ Invasionsarmee). Hinderlich dagegen: Bereits im 12. Jahrhundert vollzog sich eine semantische Verschiebung hin zum Burgbewohner statt des Verteidigers. Darin spiegelt sich das Hauptdilemma der besorgten Rhetorik: Bürgerschaft setzt, im Gegensatz zur Herrschaft, ein Verständnis der Horizontalität voraus. Sie ist eine Assoziation der Freien und Gleichen, in welcher sich aus Herkunft, Gewohnheit und Tradition keine Vorteile ableiten lassen, ebenso wenig wie die Ungleichbehandlung jener, die aus vertrauten Mustern herausfallen. In ihrem Avantgarde-Anspruch (»Wacht endlich auf!«, ▸ Aufwachen), der allen Kritikern die politische Unmündigkeit und Korrumpiertheit attestiert, schlägt sich dagegen viel mehr ein patriarchales Herrschaftsdenken nieder. [rs]

Bürgerwehr Es »wird zeit das endlich die demos in bürgerwehr aufgeht«, fordert ein Kommentator, »und unser ja unser land das deutschland aufräumen und die regierung stürtzen und dan raus mit den migranten alle es ist unser land was sytehmatich von ausen her zerlegt wird wollt ihr das?? jetzt heist es aufstehn unschuldige sterben weil regierung versagt«. Mit dem Aufruf, eine Bürgerwehr müsse richten, wo Demonstrationen in seinen Augen versagten, ist der Schreiber nicht allein.

»Bürger, wehrt Euch!« lautet eine der Besorgtenparolen. Bürgerwehr klingt harmlos, nach Mieterschutzbund und Fußgängerverein. Mensch Bürger nutzt sein gutes Recht, lässt sich nicht alles gefallen. So unproblematisch und gewaltneutral ist die Bürgerwehridee nicht, das zeigt schon ihr idealisierter Urmythos. Noch immer gilt vielen die Alte Schweizer Eidgenossenschaft als Vorbild eines mit Spießen bewaffneten Bürgerbundes, der erfolgreich das Ritterheer der habgierigen Habsburger schlug. Das waren damals natürlich nicht alles Menschen, die sich freiwillig zusammenschlossen, sondern es gab widersprüchliche Eigeninteressen, Abhängigkeiten und Standesunterschiede. Tatsächlich kam im Mittelalter für freie Stadtbürger eine Verteidigungspflicht auf. Sie hatten sich an der Waffe fit zu halten und im Angriffsfall ihre Stadt zu schützen. Daraus entwickelten sich im 19. Jahrhundert militärische Einrichtungen, die Arbeiteraufstände oder die Erhebungen der Märzrevolution 1848 bekämpften. Dem Willen des »gemeinen Menschen« dienten sie gerade nicht. Nach dem Ersten Weltkrieg verschwanden sie. Besonders in Süddeutschland erinnern bis heute Vereine aus Traditionspflege an diese Bürgerwehren.

Faustrecht statt Folklore bestimmt das Denken gegenwärtiger Bürgerwehren. Mögen manche wirklich der Nachbarschaftshilfe verpflichtet sein, so sind die meisten doch vom Ungeist der Besorgten bewegt. Diese Form der Selbstjustiz – der juristische Rahmen für eine legale Bürgerwehraktivität ist sehr eng – ist nicht nur problematisch, weil sie de facto das Gewaltmonopol des Staats infrage stellt. Unausgebildete Menschen maßen sich im Namen des Schutzes der Öffentlichkeit Personenkontrollen, Festsetzungen, gar den Einsatz körperlicher Gewalt an. Das den Reichsbürgern zugehörige »Deutsche Polizeihilfswerk« läuft in Ostdeutschland als Vollstrecker eines Fantasiestaats auf und setzte schon mal Gerichtsvollzieher mit Kabelbindern fest. Wegen des Verdachts auf Bildung einer terroristischen Vereinigung, versuchten Mord und versuchte schwere Körperverletzung hat im Frühjahr 2016 die Bundesstaatsanwaltschaft Ermittlungen gegen Anhänger der Bürgerwehr Freital (Erzgebirge) aufgenommen (Ermittlungen bis Drucklegung nicht abgeschlossen). [tp]

Christentum

▸christlich-jüdisch, Abendland

christlich-jüdisch

Die Rolle der »christlich-jüdischen Tradition« bei der kolportierten Notwendigkeit, das ▸Abendland gegen die ▸Islamisierung zu verteidigen, erscheint wie ein Phantomschmerz. Denn das sächsische Geburtsland von Pegida ist wie andere ostdeutsche Bundesländer für die Konfessionslosigkeit seiner Einwohner bekannt. Manche würden auch behaupten, dass es Antisemiten dort leichter haben als Juden. Vielleicht deshalb strengt sich die Evangelische Kirche in Sachsen nun an, dem Phantom eine pegida-gerechte Gestalt zu geben. So profilierte sich der neue Landesbischof Carsten Rentzing vor seiner Ernennung mit homophoben Aussagen. Und für den ob seiner DDR-Opposition bekannten ehemaligen Pfarrer Theo Lehmann drückt sich in dieser Haltung der auch in Kirchensachen bewundernswerte »sächsische Weg« aus. Diesen ebnet er für die ▸Spaziergänge von Pegida, an denen er teilnimmt, um seine Kritik am Islam als »antichristliche Religion« zu demonstrieren.

Tatsächlich meint die christlich-jüdische Tradition gerade nicht die christlichen Kirchen. Erfunden haben ihn Vertreter meist aus dem Lager der Unionsparteien zu Hochzeiten der Leitkultur- und Integrationsdebatten (die dabei den schon zuvor umstrittenen Begriff einer jüdisch-christlichen Tradition noch verkehrten, um ihre Prioritäten zu verdeutlichen). Meist in Verbindung mit Aufklärung gebraucht, dient das Konstrukt einer vermeintlich aufgeklärten Variante des antimuslimischen Rassismus. Und die geht so: »Unser« Rechtsstaat und seine freiheitlichen Grundwerte in »unserem« Grundgesetz wie die Gleichstellung der Geschlechter, Freiheit der Kunst, Meinungs-

oder Religionsfreiheit seien das Ergebnis besagter Tradition (übrigens auch die sexuelle Freiheit). Denn im Gegensatz zum Islam mit seinen »kriegerisch-arabischen Ursprüngen« hätte diese erst die Aufklärung ermöglicht. Einige Tatsachen wurden allerdings unter den Stammtisch fallen gelassen: zum Beispiel, dass Christentum und Judentum die längste Zeit vor allem durch Glaubenskriege und Antisemitismus »verbunden« waren und – ach ja – die Shoah als dialektische »Kleinigkeit« der westlichen »Zivilisation« auch etwas mit diesem Verhältnis zu tun hat. Schließlich verdrehen die Apologeten des christlich-jüdischen Abendlands den einfachen Umstand, dass die von ihnen gefeierten Freiheiten gegen die Kirchen erkämpft wurden.

Bei so viel kaschiertem Horror fällt nicht auf, dass mit diesem Bezug das Kunststück gelingt, ▸Muslimen selbst gegenüber intolerant sein zu dürfen – mit dem Verweis auf ihre angebliche kulturell-religiös bedingte Unfähigkeit zu Toleranz und Freiheit. Einige Kirchenvertreter und andere Konservative haben mittlerweile gelernt, zumindest für den Moment einen liberalen Umgang mit den Blüten aufgeklärter Gesellschaften zu suggerieren und zum Beispiel Schwule und Lesben einzubeziehen, damit diese Rechnung gegen den Islam aufgeht. Bei den Homophoben von AfD, Pegida und sächsischer Kirche allerdings ist man selbst für diesen Kniff zu blöd. [mr]

Cui bono?

»Wem zum Vorteil?«: Angesichts von Verbrechen, historischen oder aktuellen politischen Geschehnissen ist die Frage, wer davon profitiert, folgerichtig, um auf eine erste Spur der Verantwortlichkeit zu kommen. Nur kann beim Suchen nach dem möglichen Motiv nicht stehen bleiben, wer wirklich aufklären will. »Wem das Verbrechen nützt, der hat es begangen«, wie Seneca in seiner Tragödie *Medea* schreibt, ist eben nicht die ganze Antwort. So verführt die eilig beantwortete Frage zum Fehlschluss.

In der Verschwörungstheorieecke blüht »Cui bono?« seit Langem als Pauschalerklärung für dies und das. Weil die USA nach den Terroranschlägen vom 11. September 2001 in den Krieg zogen, müssten sie hinter den Ereignissen stecken. Die Pharmaindustrie habe HIV auf die Menschheit losgelassen, um sich dadurch auf Jahrzehnte einen Absatzmarkt zu sichern. Dass jemand Nutznießer eines Umstands sein kann, ohne diesen verursacht zu haben, kommt den »Cui bono?«-Rhe-

torikern nicht in den Sinn. Komplexes lässt sich derart einfach zu hübsch auf simple Antworten reduzieren. Ein Beispiel: Die islamistischen Anschläge von Paris? Um Pegida-Demos zu verbieten! ▸USA und ▸Zionisten schüren damit antimuslimischen Hass! Wohnungen für Flüchtlinge werden dadurch freigemacht!
Lustigerweise geriet Pegida selbst unter »Cui bono?«-Beschuss. Ken Jebsen, Galionsfigur der Querfront-Friedensmahnwachen, mutmaßte, Pegida wurde von oben installiert. Damit werde gerechter Volkszorn kanalisiert, statt das System revolutionär zu erschüttern. [tp]

D-Mark

Der Geldfetisch ist in kapitalistischen Verhältnissen keine abnorme Vorliebe, sondern deren Grundlage. Er ist Ausdrucksmittel des Tauschwerts. Einen besonderen Fetisch beten die Besorgten wie viele andere Deutsche in der D-Mark an. Wenige Währungen sind symbolisch derart aufgeladen. Im Westen gilt die Deutsche Mark, ab 1948 Zahlungsmittel, als Zeichen von Wirtschaftswunder und nationaler Stärke. Die Rede von der harten Westmark bestimmte bald die Ereignisse von ▸89: »Kommt die D-Mark, bleiben wir, kommt sie nicht, geh'n wir zu ihr!« führten Demonstranten auf Transparenten mit. So wurde sie auch zum Symbol für die Wiedervereinigung. Den späteren Bezahlvorgang mit dem Euro empfanden hingegen viele als Schmach.
Bis heute wird der 1999 eingeführte Euro – die D-Mark war bis Dezember 2001 als Bargeld im Umlauf – als »Teuro« wahrgenommen. Tatsächlich führte die Währungsreform zunächst zur Verteuerung, auch weil Unternehmen die Umrechnung mit großzügigem Aufrunden zur Preissteigerung nutzten. Auf lange Sicht gebe es aber nur eine gefühlte Inflation, versicherte die Mehrheit der Ökonomen. Geholfen hat das nichts. Laut einer Umfrage der GfK-Marktforscher anno 2016 sollen noch 45 Prozent aller Deutschen bei Kaufentscheidungen in D-Mark umrechnen.
Nostalgie und Nationalismus: Euro und D-Mark sind auf Besorgtendemos gern gezeigte Insignien mit gegensätzlicher Symbolkraft. Der eine steht nicht nur für eine vermeintlich schwache Währung, sondern für den gesamten politischen Apparat der Europäischen Union. Die Mark erinnert an imaginierte bessere Zeiten und strahlt zugleich die Hoffnung aus, mit der D-Mark-Rückkehr würden solche wieder anbrechen. [tp]

Danke, Merkel! Besorgt ist oft gleichzusetzen mit pauschal, wie sich an der zynischen Formulierung »Danke, Merkel!« zeigt. Mit der schließen Besorgte gern, nachdem sie auf Missstände hingewiesen haben. »Wir werden von muslimischen Asylanten überrannt!«, »Bald werden wir kein Weihnachten mehr feiern dürfen!«, »Alles geht den Bach runter, und zwar wegen der Flüchtlingspolitik in diesem Land!« – »Danke, Merkel!« Die Bundeskanzlerin fungiert dabei als so etwas wie eine Führerin mit negativem Vorzeichen: Eine Person, die alles (hin-)richtet.
Im September 2016 plante die AfD, Plakate mit dieser Phrase zu drucken, die direkt nach möglichen Terroranschlägen in Deutschland verbreitet werden sollten. Als Pauschalvorwurf an die Bundeskanzlerin und Verhöhnung der Opfer. Eine Facebook-Seite mit eben diesem Namen ironisiert den Beleidigte-Leberwurst-Ausdruck mittlerweile. Ob kaputte Bierflaschen, leere Klopapierrollen oder selbstverschuldete Fahrradunfälle – immer gilt: »Danke, Merkel!« [ng]

Demokratie Sie wird umstandslos geliebt und ist Fixstern aller Debatten, ob besorgt-bürgerlich, staatstragend oder progressiv. »Pegida bekennt sich voll und ganz zum Grundgesetz, zur Demokratie und zum Rechtsstaat«, hieß es auf der Dresdner Bühne. Dieses Bekenntnis ist entweder Folge einiger Stangen Kreide, die Festerling für mediale Zwecke gefressen hat. Oder, das macht die Angelegenheit deutlich komplizierter, hier wird unter Demokratie etwas ziemlich Unübliches verstanden.
Im besorgten Oberstübchen ist alles recht einfach: Weil Demokratie Volkssouveränität heißt und sie und niemand anderes das ▸Volk sind, müssten eigentlich die besorgten Bürger das Zepter schwingen. Wenn da nicht die ▸linksversiffte diktatorische Elite wäre. Politiker seien eigentlich Angestellte des Souveräns, die nur leider ihren Dienst nicht tun, wie vom Volk geheißen. Diese gesinnungslosen und korrumpierten Angestellten drücken stattdessen ihren ▸Minderheitenterror gegen das Volk durch. Angetrieben wird diese Argumentation vom Phantasma, tatsächlich und ohne Zweifel die Mehrheit zu repräsentieren.
Das besorgte Demokratieverständnis leidet allerdings unter einigen Aporien. Oder – anders formuliert – der Sinn des Begriffs wird soweit verwässert, dass sich seine moralische und sachliche Aussagekraft bedenklich einer Nulllinie nähert. Los geht es beim robust vorgetra-

genen Anspruch, auf vergleichsweise kleinen Kundgebungen für die Gesamtheit der Bevölkerung zu sprechen. Diese Haltung untergräbt ein wesentliches demokratisches Moment: die Anerkennung unterschiedlicher Perspektiven. Weil das wahre Volk, biologisch verknotet, patriotisch bis in die Haarspitzen ist und sich für ▸Spaziergänge begeistert, sind alle abweichenden Meinungen undemokratisch. Von diesem Moment an müssen Besorgte nicht länger in umständliche Debatten über Repräsentation eintauchen oder verschiedene Varianten von Aushandlungsprozessen diskutieren. Noch weniger bedarf es einer Klärung der Frage, wer eigentlich in welcher Form mitbestimmen darf. Die Logik des »Wir für alle« zwingt dazu, Elemente direkter Demokratie für das Phänomen selbst zu halten und folglich Volksentscheide als einzige Lösung demokratischer Defizite zu beschwören. Die vermeintlich demokratische Funktion der souveränen Menge besteht dann darin, die apodiktischen Forderungen, die von den Bühnen schallen, mit brüllender Zustimmung zu untermauern. Das Volk sekundiert den Führern und drückt seine Souveränität aus – wer dagegen ist, kann nicht zum Volk gehören. Wann immer politische Gegner Thema sind, ruft es umgehend ▸»Volksverräter«.

Nun ist die Geschichte der Demokratie lang und kompliziert. An ihrer griechischen Wiege war sie jener mächtige Impuls der Anteillosen, die mittun wollten. Sie war der Name für die Einsicht, dass es keinen natürlichen Grund für irgendeine Ordnung gibt, dass nichts aus sich heraus Macht und Herrschaft begründet. Der Ort der Macht müsse leer bleiben, brachte der Philosoph Claude Lefort diese wichtige Kontur »eigentlicher« Demokratie auf den Begriff. Die gegenwärtigen Staatsformen, die diesen Namen tragen, lassen einen solchen Impuls kaum erkennen, was seit längerer Zeit heftige Kritik auf den Plan ruft. Die Defizite deutscher und europäischer Institutionen, deren demokratische Kontur bestenfalls blass erkennbar ist, wird vom besorgten Denken in eine andere Richtung aufgelöst: Man muss nur das Diktat der völkischen Beobachter, um ihren Vorteil bemüht und jede Form von Pluralität für widernatürlich haltend, als eigentliche Demokratie definieren. [rf]

deutsche Frau

Ein Blick auf die klassische Verteilung der Geschlechterrollen, die nicht nur im AfD-Programm beschworen werden, zeigt: Die deutsche Frau soll nicht modern sein. Die Erziehung der drei Kinder findet in den ersten Jah-

ren daheim statt, die Frau besinnt sich auf familiäre, nicht berufliche Verpflichtungen (▸Familie). Sie ist weich, kümmert sich, erträgt. Sie schenkt der ▸Volksgemeinschaft Nachwuchs und erzieht ihn zu deren wertvollen Mitgliedern. Sie zeigt, dass sie ▸Angst hat vorm »Schwarzen Mann«, der auf ihrer weißen Haut Abdrücke hinterlässt; ist ein Opfer, das sich von deutscher ▸Männlichkeit beschützen und rächen lässt.
Die Diskussionen um die Ereignisse in der Silvesternacht 2015 in Köln zeigten, wie scheinheilig dieser Beschützerinstinkt ist. Noch 1997 stimmten 138 Bundestagsabgeordnete dagegen, auch Vergewaltigung in der Ehe zu bestrafen, darunter Horst Seehofer (CSU) und – nicht ganz so männlich, aber ähnlich reaktionär – Erika Steinbach (CDU). Bis Köln wurde die »Nein-heißt-Nein«-Debatte abgetan als hysterisches Gekeife einiger Nachfolgerinnen der damals schon nervigen 68er-Feministinnen. Seitdem wollen vorrangig besorgte Männer entscheiden, wann ein Pograpscher im Büro rein freundschaftlich ist und der anzügliche Blick eines Nichtdeutschen einer Vergewaltigung gleichkommt.
Im Kern ist die Debatte vor allem sexuell aufgeladen: Besorgte Männer wie Frauen, die zuvor das Einfordern von Frauenrechten als zickiges Abwerten von Männern im Allgemeinen verstanden und nicht als Konzept von Gleichberechtigung, konnten es plötzlich nicht lassen, sich einzumischen – gepaart mit von eigenen sexuellen Fantasien angetriebener Geilheit.
Die Feindbilder des männlichen Besorgten sind Frauen, die ihre eigenen Entscheidungen treffen und auf sich selbst achten. Für diese Männer bedeutet das: Sie werden nicht mehr gebraucht – weder als Ernährer, Unterstützer, Chef, noch als Sexualpartner. Plötzlich haben sie neben der Kastrationsangst (▸Gummimuschi) noch den Verlust des Heldenstatus zu erdulden. Wer beschützt ihre blonden Frauen und Mädchen vor den ▸Männerhorden, vor den Schwarzen mit den langen Schwänzen und den frauenverachtenden ▸Muslimen? Wer erklärt ihnen, den unschuldigen Naivchen, wie gefährlich diese Welt für Frauen ist? [ng]

deutsche Sprache

Sie nennen sich *Patrioten* und wollen die deutsche Sprache retten. Sie tauschen *Handynummern*, packen *Babys* in *Plüsch*, wenn sie zur *Grillparty* gehen, sie mögen *Auto* und *Vorgarten*, *kuscheln* bei *Kaffee* mit dem *Onkel* und rauchen *Zigaretten*, bis ihnen *blümerant* um die

Rosette wird. Sie haben *Respekt* vor *Chef* und *Sporttrainer*, lieben *Wein*, aber verachten andere *Drogen*, leben vielleicht ihre *Emotionen* auf der *Toilette* aus und machen eine *Szene*, wenn das *Militär* schlecht wegkommt. Von *kriminellen* Handlungen *distanzieren* sie sich *prinzipiell*, denn sie sind *moralisch integer*. Alle kursivierten Begriffe haben einen anderen Ursprung als Germanisch.

Besorgte wie Peter Hauk (CDU) fordern eine Deutschpflicht im Internet, die CSU will sie auch in Moscheen. Schließlich reden die alle so komisch, da weiß man nie, was die wieder planen! (Dass zur freien Religionsausübung auch die Sprache gehören muss, kann man getrost ignorieren, denn in katholischen Kirchen wird ausnahmslos auf Deutsch gebetet. Wobei, Halleluja ist hebräisch.) Mit diesen zum Scheitern verurteilten Attacken versuchen Besorgte nicht nur, arabisch- oder türkischsprachige Gruppen zu germanisieren, sondern auch, Einfluss auf einen Bereich zu nehmen, der lebendig, dynamisch und zwangsläufig nie abgeschlossen ist. Sprachkontrolle funktioniert selbst in Ländern mit strikteren Vorgaben (Frankreich oder Island) kaum, weil sich Sprache im Ganzen nicht steuern lässt. Man mag einzelne Begriffe kritisieren, aber pauschale Sprachpflichten untergraben Vielheit, die einigen gefährlich, weil ▸fremd vorkommt. Ein solcher Versuch kann nur danebengehen.

Die wenigsten besorgten Urlauber oder gar Auswanderer werden sich daran halten, ausschließlich die Sprache des Gastlandes zu sprechen; etwa Holger Apfel, vormals NPD und mittlerweile Kneipier auf Mallorca, oder Lutz Bachmann, der in Südafrika vermutlich wenig Afrikaans oder eine der vielen anderen südafrikanischen Amtssprachen gelernt hat – und für seinen neuen Arbeitsmittelpunkt Teneriffa auch kein Spanisch-Diplom mitbringt. Die Besorgten fordern, die »Neuen« sollten »genau wie wir damals« diese komplizierten Grammatik- und Rechtschreibregeln lernen. Gut gebrüllt, Löwe. Wir haben aufgehört, die Fehler in besorgten Statements zu zählen.

Die Idee einer homogenen Sprache, die sich nicht verändert und nur aus sich selbst heraus Wortschatz generiert, ist so alt wie absurd. Schade nur, dass es im besorgten Umkreis noch keine Lexikvorschläge à la Dörrleiche für Mumie oder Jungfrauenzwinger für Kloster gibt. Zu Hochzeiten des deutschen Sprachpurismus im 17. und 18. Jahrhundert war Latein des Bösen Wurzel; heute ist es Englisch. Aber sogar Michael Klonovsky, früher beim *Focus*, heute publizistischer Berater von

Frauke Petry, nennt sich selbst Spindoctor. »Propagandabeauftragter« ist sprachhistorisch vermutlich nicht Deutsch genug. [ng]

Deutschland GmbH Die Kurzform für die Bundesrepublik Deutschland Finanzagentur GmbH fasst alles zusammen: Die BRD oder Deutschland ist eine Gesellschaft mit beschränkter Haftung. Wer diesen Gedanken noch absurd findet, dem werden zahlreiche ▸Fakten offeriert. Gelernte Ostdeutsche finden hier erstaunliche Ähnlichkeiten zur DDR: Diese stand unter der Knute der Sowjetunion, während Deutschland eigentlich von den ▸USA beherrscht wird, die nach wie vor die Besatzungsmacht bilden. Ein Redner mit dem Pseudonym Friedrich Fröbel behauptete bei Legida, dass Angela Merkel von »amerikanischen V-Frau-Führern« gelenkt werde, man »von Herr zu Vasall« miteinander spreche. Horst Seehofer komme in der »amerikanischen Tyrannis« die Rolle des »Egon Krenz der BRD« zu, für den Fall, dass Merkel irgendwann abtreten sollte. Klingt unglaubwürdig? Man nehme seinen Ausweis. Als Staatsangehörigkeit wird »deutsch« angegeben, ohne Staatsnennung. Fast ganz oben steht Personalausweis. Genau, Personal. Der Inhaber des Dokuments gehört also zum Personal der BRD GmbH. Und wie ist der Name des Personals geschrieben? In Großbuchstaben. In Großbuchstaben mussten angeblich auch die des Schreibens mächtigen Sklaven im Alten Rom ihre Unfreiheit bestätigen. Ergo: Das Personal der GmbH ist auch deren Sklave. (Das alte Latein kannte übrigens nur Großbuchstaben.) Man kann sich erstaunlich lange damit aufhalten, den Ausweis anzuschauen und da Dinge zu lesen – von den Illuminaten bis zu Satan ist für jede Verschwörungsnische etwas dabei.

Bleiben wir bei der BRD. Die ist kein souveräner Staat, was man daran merkt, dass sie keine Verfassung hat. Das Grundgesetz gilt nicht, auch wenn es sich »das Deutsche Volk kraft seiner verfassungsgebenden Gewalt« selbst geschenkt hat, wie es in der Präambel heißt (▸Verfassung). Außerdem hat der Bundestag eine Steuernummer. Man möchte meinen, dass das auch besser so ist, denn der Bundestag hat Betriebe und muss Umsatzsteuer abführen. Tatsächlich beweist die Steuernummer aber, dass das Land nicht souverän ist.

Die Reichsbürger sind besonders aufgeweckte Kerlchen, denn sie wissen sogar, dass das Deutsche Reich nie aufgehört hat zu existieren. Sie haben dafür Belege, außerdem ihre eigenen Ausweispapiere und lehnen es ab, Steuern zu zahlen oder sich an die Straßenverkehrsordnung zu halten. Natürlich fahren sie gerne über die Straßen des Vasallenstaats oder nutzen dessen Gesundheitssystem, wenn sie krank sind. Aber wer an den Vasallenstaat Steuern zahlt, hat sich bereits versklaven lassen. Und wer will schon Sklave sein? [fr]

Diktatur

Besorgte Bürger sehen sich diktatorischen Verhältnissen ausgesetzt. Merkel- oder Meinungsdiktatur ist beständig zu hören, und hinter allem regieren böse US-Mächte. Alles sei wie vor ▸ 89 und erzwinge einen Aufstand. Gesellschaftskritik ist das eine. Die Selbststilisierung zum Opfer einer Diktatur ist etwas anderes. Im Sinne einer Minimaldefinition von nichtdiktatorischen Welten muss es möglich sein, einen Herrscher oder eine -clique unblutig abzusetzen. Nun sind die Strukturen von Macht und Herrschaft komplex. Man weiß nicht so genau, wer wen in welcher Form regiert. Unbeschränkt und diktatorisch sind die hiesigen Zustände schon deshalb nicht, weil die Besorgten unbehelligt und öffentlich ihre Lageeinschätzung zum Besten geben können (▸ Meinungsfreiheit).
Eine Diktatur ohne benennbaren und sichtbaren Diktator (oder Gruppe, etwa das Militär oder eine Einheitspartei) ist zudem ein Selbstwiderspruch. Wenn niemand den Schülern die Wörter ansagt, die sie schreiben sollen, wird es kein Diktat geben. Wie schließlich die vermeintlich freie und demokratische Welt aussehen soll, wissen die Besorgten offenbar auch nicht so genau (▸ Demokratie, ▸ Freiheit). [rf]

direkte Demokratie

Die Sache mit der ▸ Demokratie ist an sich schon schwierig. Was heißt »Herrschaft des Demos«? Wer ist das? Funktioniert die Idee der Repräsentation, also die Vorstellung, dass einzelne für viele entscheiden? Das sind Fragen, die dieser Tage hochkochen – in Zeiten, in denen immer häufiger von Postdemokratie oder Oligarchie (der Herrschaft des Reichtums) gesprochen wird.
Es gibt verschiedene Formen von Demokratie als Herrschaftsform. Die Schweiz steht dabei ständig Modell, wenn eine Variante ins Spiel kommt, die mehr Gewicht auf Volksentscheide und weniger auf das Element der Repräsentation legt. Das hat Vor- und Nachteile, die kritisch beschaut und gewichtet werden müssen. Auf der Habenseite steht mehr Einfluss der »einfachen« Leute (▸ kleiner Mann) und

damit mehr Identifikation mit Entscheidungen. Dagegen spricht der Umstand, komplexe Themen auf markige Parolen für einfache Ja-Nein-Abstimmungen eindampfen zu müssen.
Die Besorgten schließlich haben die direkte Demokratie für sich entdeckt. Getragen von der Illusion, als Volk die Mehrheit zu sein und dementsprechend das Abstimmungsergebnis schon zu kennen, fordern sie mit Penetranz entsprechende Entscheide auf Bundesebene – die haltlose Reduktion der Sachverhalte inklusive: für oder gegen Merkel, für oder gegen ▸Mauern, Minarette, ▸GEZ, Koalition mit Putin usw. Im Prinzip steckt dahinter eine Vorstellung von Demokratie im Stile der Sportpalastrede: »Wollt ihr Asylsuchende?« »Nein!« Dass die Besorgten noch ihrem bittersten Hass das Mäntelchen namens direkte Demokratie umhängen, zeigt ein Interview aus dem sächsischen Bautzen. Ein leerstehendes Hotel, das als Unterkunft für Geflüchtete vorgesehen war, wurde im Februar 2016 angezündet und brannte teilweise aus. Kurz darauf wetterte ein junger Mann in eine TV-Kamera: »Es wurden tausend Häuser angezündet, null Verletzte, also geht es eindeutig nur gegen Frau Merkel. Wären das richtige Nazis gewesen, dann wären dort Menschen drin gewesen. (...) Das zeigt, dass es eindeutig direkte Demokratie ist, die hier abläuft.« Ein richtiger Nazi ist also nur, wer tatsächlich Menschen tötet. An diesem Punkt ist es völlig egal, welche Spielart oder Tradition von Demokratie zu bevorzugen wäre. Wenn selbst brennende Häuser als irgendwie demokratisch durchgehen, ist Hopfen und Malz verloren. [jf]

Ehre

Eine Frage der Ehre? Selbst die Bundesregierung hat keine Lust mehr auf die Ehren-Floskel. Daher spricht sie statt vom Ehrenamt lieber von Freiwilligendienst und zivilem Engagement – was sich auch besser ins neoliberale Konzept der Abtretung sozialstaatlicher Pflichten an die Gesellschaft fügt.
Ehre fungierte bis lange in die Neuzeit als zentrale Kategorie des sozialen Miteinanders und bedeutete nicht weniger als Geschäftsfähigkeit. Sozialethische Normen wie Treue, Aufrichtigkeit, Freundschaft fügten sich zum komplexen Wertesystem, mit dem das Verlangen nach Anerkennung verbunden war. Ehre verbürgte die soziale und ökonomische Kreditwürdigkeit. Daran knüpft zum Beispiel auch das im 19. Jahrhundert entstandene Ehrenamt als (Selbst-)Verpflichtung des Bürgers an, sich gesellschaftlich zu betätigen. Ehre ist demnach ein

verinnerlichter äußerer Zwang, dem man nach allen Mitteln gerecht werden muss, um Gesellschaftsfähigkeit auszudrücken. Und sei es im letzten Gefecht des Duells, mit dem man seine Ehre wiederherstellen konnte. Im Nationalsozialismus kam der Ehre eine besondere Überhöhung zu. Um nur zwei Beispiele zu nennen: »Meine Ehre heißt Treue« (SS-Leitspruch) und das »Gesetz zum Schutze des deutschen Blutes und der deutschen Ehre«.

In der Demokratie bedarf es dieses Prinzips nicht, weil Anerkennung und Gleichwertigkeit prinzipiell allen Passinhabern zukommen und sie – zumindest der Idee nach – am gesellschaftlichen Leben teilnehmen. Stichwort: die grundgesetzlich gewährte Würde. Ehre als ▸Identität stiftendes Merkmal ist daher aus der Selbstwahrnehmung vieler Individuen verschwunden, was nicht heißt, dass diese Menschen nicht einem eigenen ethischen Kompass folgen würden. Nur ist dessen Kollektivierung, und das ist der Kern des Ehrprinzips, perdu.

Es wundert nicht, dass Ehre besonders mit Blick auf den soldatischen Charakter angesprochen wird und gerade konservative bis völkisch-nationalistische Kreise auf sie pochen. Dem Motto der Jenaer Urburschenschaft von 1815, »Ehre, Freiheit, Vaterland«, folgen nicht nur Burschenschaften als Dreisatz ihrer Leitkultur. Aussagen, die »Volk« und »Ehre« im Zusammenhang führen, sind in nazistischen Kreisen Legion. Durch die Besorgtenerweckung fand ein älterer Liedermacher-Song – *Im Sommer des Jahres 1996 hatte mein Freund Lüne beim Pilzesuchen plötzlich eine Melodie im Kopf. Auf dem Heimweg erhielt er als »Zugabe« aus der geistigen Welt den Text dazu übermittelt* – endlich den ersehnten großen Umlauf. Im Lied heißt es: »Wo ist das Erbe uns'rer Ahnen, was wissen wir vom alten Brauch. / Geschichte hat man uns genommen, Ehre und Achtung, Seele auch.« [tp]

Entvölkerung ▸Umvolkung

Erika

Erika ist eigentlich ein harmloser Vorname. Wer allerdings mit ostdeutscher oder ostzonaler Brille um Deutschland fürchtet, sieht in der BRD einen fiesen Schurkenstaat wie einst die DDR einer war. (Wie es um Deutschlands Rolle in der Welt bestellt ist, steht hier nicht zur Debatte.) Um die üblen Parallelen zwischen Erich Honeckers UdSSR-Vasallenstaat und der von den ▸USA unterjochten

BRD (▸Deutschland GmbH) kenntlich zu machen, nennen die Besorgten Angela Merkel seit einiger Zeit Erika. Als Analogie zu Erich und besessen von der Idee, Merkel sei IM Erika gewesen. Selbst als Witz ist das Ding umständlich. [rf]

etablierte Parteien ▸Altparteien

Euro ▸D-Mark

Europa

Als Synonym für Abendland ist Europa ein Bezugspunkt der Besorgten, wie es sich auch im Namen Pegidas ausdrückt: Sie mimen ▸Abendland rettende Europäer. Und das gilt es, nach außen zu schützen, Festung Europa nennt sich konsequenterweise eine Splittergruppe. Selbstverständlich reicht die Europaliebe nur bis zur Abgrenzung zum Rest der Welt. Die Nationalstaaten sollen hübsch bestehen bleiben. Andererseits verkörpert Europa ein Top-Hassprojekt: Die EU steht für den D-Mark-Beerdiger Euro, für ▸Umvolkung und undeutsche Gutmenschenbürokratie, die die Volksinteressen negiert. [tp]

Extremismus

Die AfD ist »Für Freiheit und Demokratie – Gegen Extremismus«, jedenfalls immer dann, wenn es gegen einen (vermeintlich) extremistischen Islam geht, man von ▸links angegriffen wird oder sich gegen den Vorwurf verteidigt, rechtsextrem zu sein. Pegida hat die Extremismus-Ablehnung von Anfang an zentral auf seinem Banner platziert: Eine Figur wirft Symbole in einen Mülleimer, in dem sich ein Hakenkreuz und die Logos der kurdischen PKK, der ▸Antifa sowie des sogenannten Islamischen Staats stapeln. Häufig finden sich in den besorgten Foren Beiträge, die Gewalt und Nötigung nicht nur von Gegendemonstranten, sondern auch in den eigenen Reihen verurteilen – Motto: »Gegen Extremismus. Radikalität ist gewaltfrei!« Selbstverständlich ist diese Haltung bei den offensichtlich neonazistischen Beteiligten hochwillkommen, lassen sich so der eigene Rassismus und Nationalismus kaschieren und bürgerliche Schichten ansprechen. Aber beim besorgten Antiextremismus handelt es sich nicht einfach um eine

Wolf-im-Schafspelz-Strategie. Denn die sächsische Heimat von Pediga ist Musterland der Extremismusdoktrin.
Hier sind mit Eckhard Jesse und Uwe Backes die Hauptvertreter der sogenannten Extremismustheorie (die eher Formel als Theorie ist) ansässig. Deren Formalismus ordnet die politische Welt anhand der jeweiligen Distanz zur politischen ▸ Mitte, verstanden als Hort der »freiheitlich-demokratischen Grundordnung«. Eine inhaltliche Differenzierung zwischen »Links-«, »Rechts-« und »Ausländerextremismus« entfällt ebenso wie die Möglichkeit, einen »Extremismus der Mitte« feststellen zu können, also etwa Nationalismus, Rassismus, Chauvinismus, die sich sowohl in den Einstellungen bürgerlicher Schichten, bei Wählern aller Parteien oder in den Strukturen von Staat und Gesellschaft selbst finden. Dahinter versteckt sich ein konservatives Konstrukt, dessen normative Ausrichtung vor allem in der Praxis deutlich wird. Als Grundlage der Arbeit von Verfassungsschutzämtern und Sicherheitsbehörden in Bund und Ländern dient es dazu, die Gleichsetzung völlig disparater gesellschaftlicher und politischer Gruppen zu legitimieren und dabei das tendenziöse und skandalöse Desinteresse gegenüber Gewalt und Terror von rechts zu kaschieren – bestes Beispiel ist die Rolle staatlicher Behörden im Fall »Nationalsozialistischer Untergrund«. In Sachsen dient die Extremismusdoktrin nicht nur dazu, die hanebüchene Ignoranz gegenüber der langen Geschichte von Neonazistrukturen zu verdecken. Sie ist das Feigenblatt des sächsischen Wegs, der politisch von der CDU, aber gesellschaftlich vom Großteil der dortigen Eliten getragen wird und ein quasivölkischer Regionalismus ist. Selbst konservative externe Beobachter bringen den Naziterror auf sächsischen Straßen längst nicht mehr nur mit AfD und Pegida in Verbindung, sondern auch mit den Pegida-Verstehern, die überall an den Schaltstellen sitzen. Vor Ort aber vergeht kein Tag nach einer neuerlichen rassistischen Gewaltorgie, an dem nicht »unser Sachsen« gegen Kritik von außen in Schutz genommen, die »Ängste der Bürger« als ernst zu nehmend angemahnt und die Gefahr durch »ungezügelte« Zuwanderung und »gefährliche« Ausländer betont wird; in einem Landstrich wohlgemerkt, der weitestgehend autochthon ist. Es verwundert also wenig, wenn sich Pegida als antiextremistisches Sprachrohr der Mitte begreift. Jesse, Backes und mittlerweile in der ersten Reihe Werner Patzelt von der TU Dresden liefern die angeblich wissenschaftliche Theorie dazu. [mr]

Fachkräfte Im Kern bezeichnet Fachkraft einen Menschen mit Berufsausbildung, gelegentlich auch mit Hochschulabschluss. Politisch brisant ist das geläufige Postulat, dass es an ihnen mangelt. Seit vielen Jahren tobt ein erbitterter Streit darüber, ob der angenommene demografische Wandel oder eine Überakademisierung dafür verantwortlich sind, dass in bestimmten Branchen Fachkräfte fehlen. Grundsätzlicher: Fehlen sie überhaupt oder bangt der Kapitalismus vorrangig um seine Reservearmee ausgebildeter Arbeitsloser, die die Verhandlungsposition um fairere Löhne erschwert?
In besorgten Kreisen dient der ausnahmslos ironisch verwendete Begriff als Chiffre für angeblich importierte Migranten. Zwei falsche Annahmen liegen dem zugrunde: Einerseits wird (gezielte) Arbeitsmigration mit Flucht vermischt. Während die eine die ganze Ambivalenz des Kapitalismus zeigt, weil Menschen auf humankapitalistische Ressourcen reduziert werden und sich dennoch progressive Heterogenität einstellt (weil sie migrieren), entspringt die andere einem akuten Notfall. Wer flieht, denkt nicht zuerst an den nächsten Job. Andererseits halten besorgte Bürger Menschen aus anderen Ländern fast flächendeckend für minderwertig und gefährlich. Sie sprechen häufig von Ficki-Ficki-Fachkräften und deuten jede Form von Migration als volksschädliche Attacke (▸Invasionsarmee, ▸Umvolkung).
Auch zeigt sich hier die Angst, von besseren, jüngeren und anständigeren Leuten ersetzt zu werden. Die alten Deutschen fürchten junge Migranten (und Linke), weil jene die Welt möglicherweise besser verstehen, sich schneller anpassen und vielleicht sogar Englisch sprechen. Konkurrenzdruck und Neid befeuern die Ablehnung eines nicht ironisch gemeinten Begriffs von Fachkraft mindestens immer dann, wenn irgendwie Migration im Spiel ist. Nicht zufällig neiden Besorgte den Geflüchteten deren ▸Smartphones. »Auf alle Fälle sind jetzt viele zukünftige Fachkräfte tot«, twitterte Maria Frank von Pegida in München zwei Tage nach dem Amoklauf im Juli 2016, bei dem neun Menschen starben – die meisten mit Migrationshintergrund. [rf]

Fakten Im Gegensatz zur ▸Wahrheit sind Fakten keine Glaubensfragen. Der Fakt steht nachprüfbar, sozusagen unbestechlich in der Welt. Fakten sind jedoch komplex. Eine Zahl, die angibt, wie viel die Flüchtlinge den deutschen Steuerzahler im Jahr

2016 gekostet haben, sieht zwar aus wie ein Fakt. Sie ist aber das Ergebnis einiger Berechnungen und folglich nicht ohne Weiteres nachvollziehbar. Wer sich bei YouTube die Welt in drei Minuten erklären lässt, spart sich die Mühe, die das Dickicht der Fakten bereiten kann – und übersieht, dass Fakt nicht Fakt sein muss.

Das soll nicht heißen, das besorgte Weltbild orientiere sich nicht an Fakten. Neben der vielfach artikulierten ▸Angst halten auch vorgebliche Fakten als Handlungsbegründung her. Ein Gida-Redner meinte in Leipzig, Fakten aufzuzählen, als er von den angeborenen Unterschieden verschiedener ethnischer Gruppen hinsichtlich Intelligenz und sozialem Verhalten sprach. Als Quelle wurde ein Wissenschaftler genannt, der immer wieder bestätigt haben will, dass Roma nicht zu Kultur fähig und Schwarze dumm – dümmer noch als Türken – sind, statistische Ausreißer inbegriffen. Und damit keiner denkt, er sauge sich das aus den Fingern, wirft er mit Zahlen um sich. Dass der zitierte Intelligenzforscher selber in die IQ-Falle getappt ist mit seinem Intelligenzgen, das Rückschlüsse auf Gesellschaften ermöglicht, verschweigt der Redner lieber.

Wenn Unsinn für Fakt gehalten wird, zeigt sich: Fakten sind eine Frage der Perspektive. Selektive Wahrnehmung schenkt nur der Meldung Glauben, die das Weltbild bestätigt, und ordnet den Rest als erlogen ein. Je nach Weltbild sind Widersprüche durchaus möglich. Es soll Menschen geben, die einerseits überzeugt sind, dass Prinzessin Diana einem Mord zum Opfer gefallen ist, und andererseits glauben, sie habe ihren Tod nur fingiert. Als ein Forscherteam Quatschmeldungen mit Inhalten wie »Chemtrails enthalten Viagra« auf Wissenschaftsblogs wie verschwörungstheoretischen Seiten hinterließ, wurden diese von den Usern der Verschwörungsblogs um ein Vielfaches öfter geteilt, kommentiert und gelikt. Tatsächlich fällt einem zur absurden Nachricht von potenzsteigernden Kondensstreifen auch nicht viel ein. Es sei denn natürlich, man hält sie für einen Fakt. [fr]

Familie

Die deutsche Familie hat im Verständnis der Besorgten vor allem eines: klare Grenzen und Strukturen. Vater, Mutter, Kinder. Ginge es nach der AfD, davon übrigens drei. Nur so könne dem Aussterben des Volkes entgegengewirkt werden. Dass gleichgeschlechtliche Paare mit Kindern (▸schwul, ▸Verschwulung) oder gänzlich andere Lebensentwürfe in diesem Modell nichts zu suchen haben, versteht sich von selbst. Auch Alleinerziehende gehören dafür bestraft, sich in eine Situation gebracht zu haben, die der allein gültigen Familienform widerspricht. Das wirklichkeitsfremde Standbild aus den 1950ern ist ein solch starres Konzept, an dem oft genug auch die besorgte Lebenswirklichkeit scheitert.

Doch wo die Obergrenze ziehen? Zu viele Kinder wirkt wie promiskuitiver Kontrollverlust (▸Afrikaner) und als liege man lieber dem Staat auf der Tasche; zu wenige öffnen der ▸Umvolkung Tür und Tor. Strukturell zählen im klassisch-völkischen Sinn noch die Großeltern zur Kernfamilie, alles weitere könnte jedoch schnell wie ein arabischer oder rumänischer Clan aussehen.

Das antiquierte im AfD-Programm verankerte Rollenverständnis spricht sich nicht nur für Vater, Mutter und drei Kinder aus, sondern auch gegen die erwerbstätige Frau, die »als Leitbild« die »aktuelle Familienpolitik in Deutschland« bestimme. Kinderbetreuung habe im trauten Heim an Mamas Rockzipfel stattzufinden, nicht in »Verwahranstalten«.

Die besorgte Widersprüchlichkeit zeigt sich an der Parteivorsitzenden Frauke Petry. Sie beschwert sich, dass ihre Mutter als »Rabenmutter« bezeichnet werde, weil sie in Westdeutschland in den 1990ern gearbeitet hatte. Zudem sei Petry selbst 2002 noch so genannt worden, als sie ihre Tochter im Alter von sieben Monaten in die Kinderkrippe gab, um ihre Doktorarbeit weiterschreiben zu können. Petry hat noch andere Baustellen, wenn es um Partei und Privatleben geht. »In der Familie sorgen Mutter und Vater in dauerhafter gemeinsamer Verantwortung für ihre Kinder«, verlangt das Grundsatzprogramm. Ups: Sie selbst ist geschieden, die vier Kinder aus erster Ehe wachsen abwechselnd bei Mutter und Vater auf. Der neue Mann an ihrer Seite hat auch vier. Im parteiseitig verhassten Patchwork – deutschtümelnd gern auch »Flickwerkfamilie« genannt – lebt es sich ganz ungeniert. Petry treibt offenbar mit ihrer Partei die Ausgrenzung ihrer selbst voran.

Zurück zu dem, was andere Besorgte unter Familie verstehen: Ein sich selbst als überparteilich bezeichnender Verein unterstützte mit großen Werbetafeln im September 2016 den Wahlkampf in Mecklenburg-Vorpommern, etwa mit dem Slogan: »Mehr Schutz für Familie und Eigentum.« Die Gleichsetzung spricht Bände. Kinder und Autos sind des Deutschen liebster Besitz. [ng]

Faschismus Der Faschismus gilt den Besorgten als ziemlich genau das, wovon sie sich abgrenzen: von Linksfaschisten auf der Straße, vom Merkel- oder EU-Faschismus. Aus Leipzig ist der Ausspruch eines Gida-Teilnehmers überliefert, dass »in einer Faschistenrepublik wie Deutschland alles erlaubt« sei. Grund: Die Polizei wollte eine Sitzblockade nicht unmittelbar räumen. Seit seinem bitteren KZ-Witz wähnt sich auch Akif Pirinçci, Lautsprecher nationalistischer Migranten, im »puren Faschismus«. Selbst die Abkürzung ▸Antifa bedeute eigentlich »antideutsche Faschisten«, wie Ex-Legida-Frontmann Markus Johnke behauptete. Das Wort kommt, ähnlich wie ▸Nazi, beharrlich als Fremdzuschreibung zum Einsatz – für alles Böse und Verdorbene, also für alle, die nicht besorgt mitflöten.
Diese beliebige Ausweitung oder Aushöhlung des Begriffs zeigt, wie schwierig es dieser Tage ist, in politischen Diskussionen Dinge auch nur halbwegs exakt zu bezeichnen. Gerade Faschismus, das vom italienischen *fascio* (Verein oder Bund) stammt, hatte einst vergleichsweise präzise Konturen. Im späten 19. beziehungsweise frühen 20. Jahrhundert entstand der Begriff im Umfeld von Benito Mussolini als expliziter Gegenentwurf zur überkommenen Parteipolitik. Die historische Diskussion ist freilich vielstimmig. Dennoch lassen sich einige Eckdaten des Faschismus fixieren: Ein Führerkult gehört unstrittig dazu, genauso wie Paramilitarismus, also der Umstand, dass quasimilitärische Gruppen die Ordnung robust durchsetzen. Und ein Totalitätsanspruch des Staates, der jeder Heterogenität den Garaus macht. Mit Demokratie und Meinungsfreiheit ist es nicht weit her, dafür braucht es eine Politik des Spektakels, der großen Inszenierungen (Stichwort Leni Riefenstahl). Der ideologische Kitt wird schließlich von einer mythologisch-nationalen Ersatzreligion geliefert, die sich weltlich gibt, aber tatsächlich einen gelebten Glaubenszusammenhang bietet. Der deutsche Nationalsozialismus zählt üblicherweise dazu, wobei die heftigen Ausschläge von Antisemitismus und Rassismus einige Historiker veranlassen, von einem Radikalfaschismus zu reden.
Wer schließlich den Versuch unternimmt, im besorgten Assoziationsgeflecht Strukturen zwischen den Wutattacken erkennen zu wollen, sieht einige faschistische Konturen durchblitzen: eine von rassistischen Ausschlüssen getragene Diktatur der Weißen und der Ruf nach einer starken nationalen Hand, weil demokratische Aushandlungsprozesse als lästiges und unproduktives Beiwerk gesehen werden. Nicht

zuletzt kehrt eine völkisch-deutsche Mythologie zurück, die gerade im atheistischen Osten ihre ersatzreligiöse Rolle spielt.
Weil aber Faschismus im politischen Gedächtnis auf der Seite der Bösen verwurzelt ist und der besorgte Glaubenszusammenhang auf die Worthülsen ▸Volk, ▸Demokratie und ▸Freiheit baut, muss er Kritikern und Gegnern eigen sein. Dass der Faschismusvorwurf etwa an der EU abperlt, weil er derbe unsachlich ist, fällt den Besorgten nicht auf. Gleichzeitig untergräbt diese Wortwahl jede Möglichkeit, eine europäische Oligarchie oder Expertokratie zu kritisieren. Der wutschnaubende Faschismusvorwurf in beinahe alle Richtungen verhindert jede halbwegs sachliche Lagebeschreibung. Gleichzeitig hilft diese Projektion, den eigenen faschistischen Kern erfolgreich zu verdrängen. [rf]

Feminismus

▸Männlichkeit

Ficki-Ficki-Fachkräfte

▸Fachkräfte

Flüchtling I

Flüchtlinge gelten in der ums ▸Abendland besorgten Perspektive als Masse, nicht Individuen. Flüchtling, Moslem und Migrant werden dabei synonym verhandelt. Mit dieser Masse vollziehe sich schleichend die Islamisierung, durch massive ▸Umvolkung oder terroristische Auslöschung der deutschen Stammbelegschaft oder beides.
Als ▸Invasionsarmee sind Flüchtlinge entweder im expliziten Auftrag unterwegs oder sie sind faul, dumm, kriminell und nicht integrationsfähig. Für diese Eigenschaften werden anekdotische, häufig erfundene Beweise angeführt, bis auch der Letzte kapiert hat, dass es keinen unauffälligen, anständigen und arbeitswilligen Flüchtling geben kann, keinen, der nicht klauen, Drogen verticken oder deutsche Frauen vergewaltigen will. Dass Flüchtlinge meist gar nicht vor Krieg und Verfolgung geflohen sind, weiß der besorgte Bürger besser als jede Asylbehörde. Die größten Witzbolde benutzen Bezeichnungen wie Ficki-Ficki-Fachkräfte, ▸Kulturbereicherer oder Traumatisierte. Dazu passt, dass der ▸Islam – die Verbindung zwischen Flüchtling und Islam wird unhinterfragt vorausgesetzt – als homogen, brutal und ohne Nächstenliebe gilt. Neuerdings tummeln sich einige theologisch

versierte Schriftgelehrte unter den Besorgten, die den Koran wie ihre Westentasche zu kennen glauben und mit »fundierter« ▸Islamkritik nicht hinterm Berg halten. Sie nehmen trotz aller Überlieferungs- und Übersetzungsprobleme das Wort für bare Münze, anders als die Bibel, bei der das undenkbar wäre. Aus falschen Verallgemeinerungen wird die Erlaubnis abgeleitet, Flüchtlingsunterkünfte anzugreifen: Schließlich müsse man sich gegen die Eroberer zur Wehr setzen. [fr]

Flüchtling II Manche finden das Wort Flüchtling abwertend, weshalb sie sich entschlossen haben, Geflüchtete zu sagen. Diese Empfindung scheint die Gesellschaft für deutsche Sprache zu teilen. Sie hat Flüchtling 2015 zum Wort des Jahres gemacht und in der Begründung unter anderem verlautbart, dass das Wort einen abschätzigen Klang erhalten habe. Ob das der Fall ist, kann hier nicht weiterverfolgt werden. Sollte der negative Beiklang sich subjektiv einstellen, dann vielleicht durch das -ling. Das ist aus einigen Bezeichnungen für Unsympathen wie den Emporkömmling bekannt oder aus abfälliger Verwendung wie für Schreiberling und Lüstling und findet sich auch beim ▸Systemling wieder. Tatsächlich gibt es ein Problem mit Flüchtling, weil es nicht ermöglicht, nach Gender zu differenzieren, was Flüchtlingsfrauen unangenehmerweise mit Fußballerfrauen parallelisiert. Andere Versuche, Flüchtling zu umgehen, sind nicht einfacher: Mit Flüchtender lässt sich zwar unterscheiden, ob ein Mann oder eine Frau flüchtet, es legt aber auch fest, dass die solcherart Benannten nie ankommen. Geflüchtete macht im Gegensatz dazu klar, dass die Flucht ein Ende hat. Man kann sich allerdings fragen, ob im Flüchtlingslager in der Türkei oder auf Lesbos nun Geflüchtete, Flüchtlinge oder Flüchtende darauf warten, dass ihr Leben weitergeht. Vertriebene hingegen mag zutreffend sein: Was sonst ist die Familie aus Aleppo, die in besagtem Flüchtlingslager ihr Dasein fristet, wenn nicht vertrieben? Der Begriff wird sich allerdings nie durchsetzen, da ihn der Deutsche für bestimmte Bevölkerungsgruppen zum Ende des Zweiten Weltkriegs reserviert hat, die Opfer einer plötzlich auftauchenden Deutschenfeindlichkeit wurden. Refugees und Zufluchtsuchende wiederum sind zu kompliziert und ersteres auch schwer auszusprechen. Die Besorgten sind da einen Schritt weiter, denn sie vermeiden Flüchtling längst und sagen stattdessen Ficki-Ficki-Fachkräfte oder ▸Kulturbereicherer. [fr]

Flüchtlingskrise Schnell machte das Wort die Runde und ist seit Sommer 2015 nicht mehr aus der Berichterstattung wegzudenken. Bei genauerer Betrachtung ist dieses Kompositum jedoch alles andere als eine neutrale Bezeichnung für die aktuelle Situation. Trotzdem wird mit der Flüchtlingskrise große Politik gemacht.

Im Deutschen bestimmt der rechte Teil die grammatischen Eigenschaften und die Hauptbedeutung von Komposita. Bei einem Wandschrank handelt es sich um *den* Schrank, der an der Wand hängt, eine Schrankwand hingegen ist *die* Wand aus Schränken. In welcher Beziehung Erst- und Zweitglied zueinander stehen, ist nicht festgelegt und meist erst im Kontext zu erkennen: Kartoffelbrei ist Brei aus Kartoffeln, aber Babybrei nicht aus Babys. Bei der Flüchtlingskrise ist die Krise bestimmendes Element. Die ▸Flüchtlinge spezifizieren es. Aber wie genau beide Teile in Verbindung stehen, ist nicht so leicht zu erfassen. Dazu ist es hilfreich, sich die Bedeutung der Einzelteile anzuschauen: Flüchtlinge sind Menschen, die aus politischen, religiösen, wirtschaftlichen oder humanitären Gründen die Region verlassen, in der sie leben, um an einem anderen Ort Zuflucht zu suchen. Eine Krise markiert eine zugespitzte Situation sowie den Höhe- oder Wendepunkt einer bedrohlichen Entwicklung.

Aus sprachwissenschaftlicher Sicht können beide Teile verschiedene Bedeutungen evozieren: Es kann eine Krise *der*, eine Krise *durch* oder eine Krise *mit* Flüchtlingen sein. Die Menschen auf der Flucht haben keine Krise, sondern kämpfen mit Unwägbarkeiten und Zumutungen, um zu überleben. Schon in dem Moment allerdings, da sie sich auf den Weg nach Norden machen, erwecken sie in Europa die Imagination einer Krise, die reale politische Effekte hat. Ihre Not macht sichtbar, dass der reiche Norden genug Mittel hätte, um zu teilen oder mindestens zu helfen. Ein absurdes Beispiel: Würde allein Deutschland alle rund 65 Millionen Menschen aufnehmen, die derzeit weltweit auf der Flucht sind, wäre die Bevölkerungsdichte noch immer nicht so hoch wie in den Niederlanden oder in Israel. Und dennoch löst schon der Gedanke an Geflüchtete den egoistischen Beißreflex aus, der aus Europa eine Festung macht.

Die Flüchtlinge sind nicht die Krise selbst. Sie lösen auch keine tatsächliche aus, sondern sie entfachen eine emotionale Krise – mit unfairen Vorzeichen. Sie zeigen den Reichtum und den Geiz Europas.

Doch besorgte Politiker hängen sich bei Entscheidungen an Zahlen auf, die zum Beispiel im Vergleich zum Libanon ein Witz sind: Dort leben auf einer Fläche, die etwa halb so groß ist wie Sachsen-Anhalt, rund 1,1 Millionen Geflüchtete – bei 6 Millionen Einwohnern. Europas verzerrte Selbsteinschätzung gleicht der heißersehnten Bikinifigur, der dummerweise ständig Pommes und Bier im Weg stehen.

Seit Anfang 2015 wird permanent betont, die Flüchtlingskrise dauere an. Konkret heißt das: Während sich der ganze Kontinent mit seinem Luxus mehr und mehr abschottet, wird die Flucht von Menschen gefährlicher und aussichtsloser. In Deutschland selbst ist es durch perfide Deals (Dublin III) mit anderen Staaten ruhig geworden; die Zahl ankommender Menschen geht zurück, Erstaufnahmeeinrichtungen, schnell und hektisch eingerichtet, werden geschlossen und neugebaute Containerdörfer gar nicht erst bezogen. Dennoch schallt aus allen Ecken, dass die Flüchtlingskrise noch lange nicht bewältigt sei. Die Situation, als Ausnahmesituation etabliert, hat sich zwar sachlich beruhigt, wird aber als bitterer politischer Zauber aufrechterhalten, gewissermaßen bewirtschaftet. Als dauerhafte Krise ermöglicht dieser Ausnahmezustand die Verschärfung des Asylrechts, Abschiebungen in angeblich sichere Drittstaaten und Schikanen gegenüber Menschen, die im Asylantragsprozess stecken und monatelang auf einen Bescheid warten. Sie erlaubt es auch, mit ▸Angst und Ressentiments Politik zu machen. Trotz dieser Entwicklungen können die Agitatoren weiterhin mit den immer gleichen Szenarien und der als dauerhaft beschworenen Bedrohungssituation ihre Fans bei der Stange halten und weiter nach unten treten. [ng]

Flüchtlingslawine

Weil die Metapher ▸Flüchtlingswelle nicht derbe genug war, musste ein vermeintlich Unbesorgter noch eine Schippe draufgeben. Wolfgang Schäuble (CDU) sprach im Herbst 2015 in vorauseilendem Gehorsam gegenüber besorgten Wählern von einer kaum kontrollierbaren Lawine. Während eine Welle möglicherweise noch zu reiten sein könnte, lässt die Lawine keine Zweifel: Sie begräbt alles unter sich. Schäuble, bekannt für verbale Eskapaden, verdeutlicht damit die politische Mode dieser Tage. Bis zur Linkspartei wollen viele Politiker die Besorgten abfangen, indem sie deren Sprache übernehmen. [rf]

Flüchtlingswelle Fließ- und Wassermetaphern sagen viel aus über jene, die sie verwenden, aber nichts über das, was als wellenbewegt beschrieben wird. Das Verdrängte schwappt über. Ob Gida-Gegendemos als losgelassene Wellen der Gewalt deklariert oder einzudämmende Flüchtlingsströme herbeigeredet werden: Solche Beschreibungen transportieren Beunruhigendes, weil sie mit tief verwurzelten Bedrohungsbildern operieren. Ströme, Fluten, Wellen stehen für irgendetwas gesichtslos in Masse Auftretendes. Angelehnt an Naturkatastrophen wird suggeriert, es passiere Ungeheuerliches, dem man am bestem mit dem Äußersten begegnet.

Klaus Theweleit weist in *Männerphantasien*, seiner Studie über die seelischen Grundlagen des Faschismus, darauf hin, wie speziell die Wasser- und Fließmetaphern Vorstellungen von Bedrohung wie Entmenschlichung prägten: »Die Niederlage Deutschlands im Krieg und die revolutionäre Veränderung der Verhältnisse in und um Deutschland unter dem Bild der Flut aufzufassen, scheint also möglich zu werden durch die Vorstellung von äußeren Einbrüchen und inneren Dammbrüchen, als deren Folge freigesetzte Triebe, die ihr von der wilhelminischen Gesellschaft vorgeschriebenes, erzwungenes Bett verlassen, frei fließend über die Ufer treten.«

Alles Mögliche kann da fließen und fluten, es muss nur irgendeine Grenze verletzen, überschreiten: »Landesgrenzen, Körpergrenzen, Grenzen des Anstands, der Gewohnheit; diese Grenzen müssen Verbotenes betreffen.« Also Tabus bedeuten. Kurzum: Es ist das Andere, das Weibliche, das das männliche Subjekt – das ist ja die kollektive Sprecherposition des »Wir« – bedroht. Gerade das Weibliche wurde in der europäischen Kultur immer wieder mit der Wassermetaphorik als das Andere bedacht; ein Hinweis auf die dem Meer entsteigende Venus soll genügen.

In den Bildern der Ströme und Fluten kommt das eigene Unbewusste als Gefahr gewendet zum Vorschein, das man plötzlich im Anderen erblickt. Das verdrängte Libidinöse, der Frau archetypisch zugeschrieben, glotzt einen plötzlich aus sich selbst heraus an. Da braucht es Abwehrmechanismen, muss man – auch hier bleiben die Besorgten im gleichen Wasser-Bild – als Schleusenwärter den Schleusern das Handwerk legen, Dämme errichten (▸ Mauer), Wellenbrecher oder Fels in der Brandung sein und alarmieren: »Das Boot ist voll!« [tp]

Freiheit Als größte und bedeutendste politische Vokabel überhaupt darf Freiheit nicht fehlen, wenn Besorgte auftreten. Die Diskussionen um den Begriff sind ausufernd. Bestenfalls eine Minimaldefinition als Abwesenheit von Zwang und eine Art Handlungs- und Entscheidungsautonomie des Individuums lässt sich über alle Streitigkeiten hinweg stabilisieren; jedenfalls dann, wenn man auf dem Pfad der modernen Welt, also der Aufklärung und der Aufklärung über die Aufklärung, wandelt. Die Besorgten reißen selbst diese Hürde. Ihr Idealbild misst individueller Autonomie keinen hohen Stellenwert bei. In ▸Volksgemeinschaft und ▸Familie hat das Einzelwesen seinen Platz einzunehmen. Für eigene, von der deutschen Norm abweichende Lebensentwürfe bleibt kaum Raum. Dass so viele ihre Freiheit nicht in diesem engen Rahmen finden, müsse mit ▸Umerziehung und Indoktrination zu tun haben. Entwickelten sich nur alle Deutschen gemäß ihrer deutschen Natur, wäre zum Beispiel Homosexualität obsolet.
Der besorgte Ruf nach Freiheit erklingt in biologistischer Tonart. Deutschland als Wesen, als organische Einheit, bedürfe einer Befreiung von Parasiten und Schmarotzern, um sich entfalten und wachsen zu können. Hybridität und Vielheit bedroht den deutschen Organismus und schickt sich an, dieses mindestens 2.000 Jahre alte Pflänzchen zu zerstören. Dabei verdrängen die Besorgten beständig, dass Deutschland nichts anderes ist und nie etwas anderes war als eine gedachte Gemeinschaft. Und die Analogien zur Welt der Organe und Körper, mit der ein bizarrer Freiheitsbegriff in diesen Kreisen um sich greift, sind ein fataler Fehlschluss, der den totalen Vernichtungswillen der Nazis begründete – bis zur Selbstvernichtung.
Wenn schließlich in endlosen Sequenzen von der »freien Welt« die Rede ist, die gegen wesenhaft autoritäre ▸Muslime zu verteidigen sei, treffen wir mit voller Wucht auf die Logik politischer Kampfbegriffe. Im erdachten Kulturkrieg »Wir gegen die Anderen« kolportieren Gida, AfD & Co. einen Freiheitsbegriff, dessen Leere sich perfekt eignet, scharfe Grenzziehungen vorzutäuschen. Als »das Prinzip der Unterwerfung gegen das Prinzip der Freiheit« schematisiert ein Gida-Redner den angeblich einzigen wirklichen Konflikt der Gegenwart. Wie sich schließlich dieses Prinzip der Freiheit damit vereinbaren lässt, dass sich das Individuum ins deutsche Glied und in die klassische Familie einreihen und das Volkswohl über das eigene Glück stellen soll, bleibt das Geheimnis besorgter Bürger. [rf]

fremd Genauso wie die ▸Nation nur eine imaginierte Gemeinschaft ist, ist der Fremde zunächst immer ein Produkt eigener Fantasie. Eigentlich ist schon der Spaziergänger drei Reihen weiter hinten fremd, schließlich kennt man ihn nicht – höchstens Teile seiner politischen Gesinnung. Allgemeiner formuliert ist alles fremd, was nicht bereits vertraut ist, alles Neue und Unbekannte, was eben auch Neugier wecken kann.

Als politischer Begriff betont fremd allerdings eher Beängstigendes (▸Angst), weil es noch nicht kalkulierbar und mitunter unverständlich ist. Der Barbar (von griechisch *bárbaros*) ist ein Fremder, der sonderbar spricht. Während allerdings die alten Griechen eine ausgefeilte Ethik entwarfen, um dem Fremden mit Anstand und Respekt zu begegnen, ist der oder das Fremde für Besorgte ein nützliches Werkzeug, um die scharfe Grenze zwischen »uns« und »den anderen« zu ziehen. Als Worthülse, als Umschrift für alles Uneigene lässt sich fremd mit allem befüllen, was als anders markiert und ausgegrenzt werden soll. Weil das Fremde affektiv Ängste kitzelt, taugt es hervorragend dazu, das wohlig-warme deutsche Wir gegen die Bedrohung des Fremden aufzustacheln. Die Grenze muss zum Beispiel anhand optischer Merkmale – (kultur-)rassistisch – gezogen werden, weil sonst der fremde Spaziergänger nicht ins Wir eingeschlossen werden kann. Diese Operation ist nicht immer leicht, wie der Angriff von Pegida-Teilnehmern auf einen vollbärtigen Mann in Dresden zeigte. Die Angreifer hielten den Football-Spieler der Dresden Monarchs für einen (fremden) Salafisten.

Gleichzeitig überdeckt der Begriff alle Unterschiede. Ob Sunnit aus dem Irak, Christin aus dem Libanon oder Alevit aus Syrien: Der Affekt der Fremdheit stilisiert die irrationale Angst auf immer gleiche Weise und kanalisiert Neugier in Hass und Ausschluss. Da im besorgten Weltbild alles an seinem Platz zu sein hat, lässt sich zugleich eine Hierarchie (und in deren Folge die robuste Abwertung) stabilisieren und das Wir-Gefühl stärken. Weil die nicht hier sein dürfen, wir aber schon, sind wir gut und die böse. Diese Angst drückt sich auch in der Beschwerde aus, sich bald schon fremd im eigenen Land zu fühlen.

Es ist logisch, dass die Feindlichkeit gegenüber den Fremden gerade dort erodiert, wo die einen und die anderen in Kontakt miteinander kommen, wo Vielheit Praxis ist. Wenn das Imaginäre, wenn die Projektion einer realen Erfahrung weicht, kippt Angst in Neugier und

Zygmunt Baumans Formulierung übernimmt: »Vereint in Verschiedenheit«. [rf]

fremd im eigenen Land ▸fremd

F

Frieden

»Frieden ist mehr als Nicht-Krieg, Lieben mehr als Nicht-Hassen!«: Erwachsene Menschen applaudieren der, nun ja, Forderung auf einer Montagsmahnwache anno 2014. Zu diesen auch »Mahnwachen für den Frieden« genannten Kundgebungen versammelten sich vielerorts Menschen angesichts des Ukraine-Konflikts. Sie bildeten die Vorstufe der Brownschen Besorgtenbewegungen. Nicht wenige sind hier politisiert worden – Ex-Legida-Chef Markus Johnke etwa hielt bei den Mahnwachen seine ersten Reden. Pegida übernahm das Andocken an den symbolträchtigen Montag.

Mit »Frieden« wird der kleinste gemeinsame Nenner dieser Querfrontunternehmung – der versuchte Brückenschlag von rechts und links – benannt. Teile der klassischen Friedensbewegungen haben den Schwenk mitgemacht im sogenannten Friedenswinter 2015. Wer hält es denn nicht mit dem Frieden? Gegen diesen zu sein, wurde zum ernst gemeinten Vorwurf an Kritiker. So einfach geht das in der Kindergartenwelt. Wir fassen uns an die Hände ... Das passt auch zur Vorstellung von ▸Gewalt. Immer sind die anderen die Aggressoren (▸USA). Putin will nur die russische Souveränität wahren, wurde quasi zur Krim-Annexion gezwungen. Ähnlich wie Deutschland von ausländischen Mächten zum Zweiten Weltkrieg und zum Holocaust gedrängt wurde, wie mancher Besorgte sich einlässt.

Die Friedensfloskel ist vielseitig einsetzbar. Man kann noch syrischen Flüchtlingen zurufen, es endlich sein zu lassen mit dem Köpfe-Einhauen und ihr Land wieder aufzubauen, statt hierher zu flüchten. Das hätten Deutsche auch geschafft; den Frieden als Befreiung durch die Alliierten anzuerkennen, gelingt Besorgten dann aber nicht.

Das Wort steckt zu Recht auch in der Umfriedung. Erst hinter Palisaden (▸Mauer) mag der Besorgte seinen inneren Frieden finden. Wenn alle Debatten verstummt sind, nur ▸Wahrheit regiert und Politik nicht mehr stattfindet, weil alle mit einer Stimme sprechen. Frei nach Goethe: »Über allen Gipfeln ist Ruh, ... / Warte nur, balde / Ruhest du auch.« [tp]

Frühsexualisierung Die Differenzen zwischen besorgtem Wunschbild und Wirklichkeit sind groß. Das trifft nicht zuletzt auf die Vorstellungen vom richtigen und frommen Privatleben zu. Während der feuchte Traum besorgter Bürger und Eltern (*besorgte-eltern.net*) jener einer monogamen Ehe mit drei Kindern ist, sieht die Lebenswirklichkeit um einiges komplizierter aus – auch jene der Besorgten selbst (▸Familie). Als 2015 die rot-grüne Landesregierung in Baden-Württemberg einen neuen Bildungsplan vorzustellen gedachte, der vorsah, »Schülerinnen und Schülern (...) die verschiedenen Formen des Zusammenlebens von/mit LSBTTI-Menschen« näherzubringen, schlugen die Wellen hoch. Das konservativ-reaktionäre (und teils das christliche) Lager sah sich einer Wiederkehr der 68er-Promiskuität ausgesetzt und versammelte sich hinter der Kampfvokabel »Frühsexualisierung«.

Seither dient dieser Begriff als Container für unterschiedliche Einwände und Ressentiments. Ihr Schnittpunkt ist die Wut auf die moderne Gesellschaft, die schrittweise daran arbeitet, überkommene Devianzmuster sexueller Art abzubauen. Wer allerdings Sexualität nur im ehelichen Schlafzimmer mit Handtuch darunter, Fahne drüber und mit Zeugungsabsicht akzeptiert, alles andere aber für widernatürlich, anormal und unmoralisch hält, der hat sicher keinen Akzeptanzraum für die Komplexität zwischenmenschlicher Beziehungen. So geschieht es dann, dass der Versuch, etwa Homosexualität zu enttabuisieren, recht unvermittelt mit Pädophilie in einen Topf geworfen wird. Mit dem kleinen Wörtchen »früh« werden ohne Umschweife alle Aufklärungs- und Gleichstellungsgedanken mit Kindesmissbrauch assoziiert. Vereinfachen ist eine große, gefährliche Kraft.

Dass sich in diesem Themenfeld, ähnlich wie bei ▸Gummimuschi oder Ficki-Ficki-Fachkräften (▸Männerhorden) Projektionen Bahn brechen, ist ziemlich offensichtlich. Weil das moralisch-reaktionäre Korsett bestimmte Lüste unterdrückt, geilt man sich am Hass auf andere auf. Hinzu kommt die Doppelmoral der Debatte: Auch die besorgte Lebenswelt ist Patchwork, ▸schwul, promiskuitiv und sicher häufig genug pornografisch. Während Besorgte einerseits die vergesellschaftete Sexualität oder die sexualisierte Gesellschaft mitsamt ihrer aufdringlichen Kulturindustrie unangetastet lassen (und vermutlich ausgiebig genießen), beschuldigen sie alle anderen der direkten oder indirekten Pädophilie. Kindern die Vielheit von Lebensentwürfen nahezubringen, gilt als degeneriert und abartig, während die besorgte Familie *Fack ju Göthe* schaut. Und weil die Projektionen der eigenen Lust Nahrung brauchen, wurden unzählige Überzeichnungen und Falschdarstellungen in die Welt gesetzt – etwa jene, dass Kinder bereits in der Grundschule Sexspielzeug ausprobieren. Die Sublimation der Lust in Form von Hass. [rf]

Gastfreundschaft Die Debatte um den Umgang mit Flüchtlingen ist schief, wenn sie auf mangelnde Gastfreundschaft reduziert wird. Ein Gast geht nach einer Weile. Das lässt sich schon an der Wortherkunft ablesen. Das mittelhochdeutsche *Gast* bezeichnet den Fremden und Fremdling, das Lateinische geht noch weiter: Die verwandten *hostis* und *hospes* stehen beide für den Fremden, bei ersterem schwingt zusätzlich Gegner und Feind mit. Der Gast ist demnach Fremder auf der Türschwelle und potenzieller Feind. Dass das nicht in offene Feindschaft ausschlägt, ist die Aufgabe der Gastfreundschaft. Sie beinhaltet wörtlich den Gegenbegriff zum Feind. Sie kann aber nur der Beginn sein, soll der Gast nicht Gast bleiben, also ein Fremder. Werfen die Besorgten der Bundesregierung Gastfreundschaft gegenüber Migranten vor, dann haben sie Recht – nur in einem anderen Sinn, als sie denken.
Der Sinn von Gastfreundschaft besteht nach Friedrich Nietzsche darin, »das Feindliche im Fremden zu lähmen. Wo man im Fremden nicht mehr zunächst den Feind empfindet, nimmt die Gastfreundschaft ab; sie blüht, so lange ihre böse Voraussetzung blüht.« Das gastfreundliche Willkommen speist sich aus ursprünglicher Ablehnung, ist zuerst nicht vom Guten bewegt. Für Jacques Derrida ist sie ein Paradoxon. Idealerweise müsste Gastfreundschaft bedingungslos sein. Sonst würde das Prinzip von Gabe und Gegengabe, ein anthropologischer Grundpfeiler von Gemeinschaften, verletzt. In der Praxis ist sie immer an rechtliche und politische Anforderungen an Ankommende geknüpft. Die bedingte Gastfreundschaft »besagt, dass die Grenzen unter bestimmten Bedingungen bestimmten Exilanten offen stehen«. Für Derrida ist dieses Paradoxon unaufhebbar und muss stets neu gesellschaftlich ausgehandelt werden. Die Diskussion um eine Willkommenskultur kann also bei Gastfreundschaft oder »deutscher Gastlichkeit« nicht haltmachen. Flüchtlinge sind keine Touristen (▸ fremd). [tp]

Gemeinschaft

»Gemeinsam sind wir stark, gemeinsam packen wir es an«, weiß das Kinderlied. »Solidarität ist eine Waffe«, lautet ein linkes Mantra, das Ton Steine Scherben mit verschlagerte. Sachen gemeinsam tun bereitet in aller Regel Spaß, die kollektive Tat ist oft erfolgreicher als der Einzelgängermodus. Der Mensch ist ein Gemeinschaftstier mit sozialem Wesen, ein Zoon politikon nach Aristoteles. Als Individuum motiviert ihn »gesellige Ungeselligkeit« (Immanuel Kant). Er hat nicht immer Lust auf andere Leute und deren ihm widerstrebende Interessen. Ewig allein und auf sich gestellt sein kann und will der Mensch aber auch nicht. Die (politische) Gemeinschaft als organisch oder natürlich verstandene Einheit ordnet den Einzelnen dem Zwang des imaginierten Kollektivs unter (▸Volk), was nicht jedem schmeckt. Warum also das Zusammenleben der Individuen jenseits von Gruppen, denen man sich als freie Assoziationen anschließen oder fernbleiben kann, nicht irgendwie regeln? Hier kommt die bürgerliche Gesellschaft ins Spiel, die allen Mitgliedern – jedenfalls formal jenen, die über einen Pass verfügen – gleiche Rechte garantiert und Pflichten abfordert. Eine solche offene Gesellschaft sprengt die Grenzen der Gemeinschaft und lockert dem Ideal nach das Korsett der ▸kulturellen Identität.

Aus Gemeinschaften kommt man schlecht heraus, die Besorgten wollen das auch gar nicht. Sie imaginieren die Gesellschaft als rudel-, stamm- oder clanartige Gemeinschaft, deren Wohl höher steht als das des Einzelnen – auch wenn sie das häufig aus egoistischen Gründen tun, weil sie das Wohl mit dem eigenen gleichsetzen. Darum ist in Besorgtenkommentaren das dämliche Kennedy-Zitat »Frage nicht, was dein Land für dich tun kann – frage, was du für dein Land tun kannst« derart beliebt. Gegen das zugegebenermaßen kitschige »Solidarität ist die Zärtlichkeit der Völker« (Che Guevara) setzen sie auf die Härte des Volkes. So kann die Nazikleinstpartei Der dritte Weg auch – in der guten Tradition, bei Linken zu klauen – rufen: »Solidarität ist eine Waffe.« Die Gesellschaft wird zur ▸Volksgemeinschaft, als deren Interessenvertretung sich die Besorgten wähnen. Für die gefühlte Schicksalsgemeinschaft stellt sich nicht weniger als die Schicksalsfrage: Freiheit oder Volkstod? [tp]

Gender

▸Genderwahn

Genderwahn Besorgte wissen, wie sie Herbert Grönemeyers Frage danach, wann ein Mann ein Mann ist, zu beantworten haben. Sollten doch einmal Zweifel aufkommen – wegen missverständlicher Kleidung etwa, einer untypischen Berufswahl oder einer seltsamen Frisur – hilft der Blick zwischen die Beine. Spätestens wenn Kleidung oder die Frisur ins Spiel kommen, dürfte dämmern, dass ein wesentlicher Teil von Geschlecht eben nicht unter der Gürtellinie steckt: Weder werden Jungs mit hellblauen Hosen geboren noch Mädchen mit rosa Röcken. Deshalb wurde für die sozialen, kulturell geformten Anteile von Geschlecht der Begriff Gender gefunden und das, nun ja, zwischen den Beinen als Sex benannt (wobei ziemlich seriöse, historische Forschungen selbst diese Unterscheidung in Zweifel ziehen). Manche jedoch sehen in dieser Beschreibungskategorie den Wahnsinn walten, einen Angriff auf die ▸Familie, die Entfremdung von Mann und Frau und letztlich die Zerstörung der ▸Nation. Darum sind Geschlechterforscher in besorgter Perspektive willfährige Vollstrecker der Genderideologie und müssen sich von Fachfremden Unwissenschaftlichkeit attestieren lassen; ab und an ist auch eine Todesdrohung dabei.
Besorgte sehen ihren Ideallebensentwurf von Mutter, Vater und drei Kindern durch eine große ▸Umerziehung in Gefahr. Männer würden ihrer Privilegien beraubt, Frauen dürften nicht mehr Frau sein, alle würden zur Homosexualität gezwungen. Und all das natürlich von Steuergeldern. Die interessante Wortschöpfung Genderfaschismus unterstützt den warnenden Ton (▸Faschismus). Dabei bricht das so verhasste Gender-Mainstreaming keineswegs mit den traditionellen Geschlechterrollen – eher im Gegenteil. Gender heißt nicht, dass man so oft sein Geschlecht wechselt wie andere ihr Unterhemd, und vor allem nicht, dass alle dazu aufgerufen sind. Kein Mann muss sich bei einer Genderlobby dafür entschuldigen, dass er mit Frau und Kindern zusammenlebt und die Familie ernährt. Er müsste sich nur entschuldigen, wenn er anderen nicht zugesteht, so zu leben, wie sie wollen.
Und das ist der eigentliche Genderwahnsinn: diese Sehnsucht nach Eindeutigkeit, nach dem engen Korsett einer heilen Storck-Riesen-Onkel-Dittmann-Welt, die tatsächlich außerhalb von Werbespots niemals heil war. [fr]

Gewalt Bei allen Umfragen – die jeweilige Wissenschaftlichkeit sei dahingestellt – im Gida-Umfeld nannten viele Befragte Gewaltfreiheit als zentrales Anliegen. Gewalt ist für sie das, was die anderen tun: die Gegendemonstranten und vor allem ▸Antifa, ▸Altparteien, ▸Rapefugees und die kreuzgefährlichen, besser halbmondgefährlichen ▸Muslime. Der dokumentierte Anstieg politischer Gewalt von rechts hat nichts mit der eigenen öffentlich vorgetragenen Besorgtheit zu tun. Gewalt aus den eigenen Reihen fand für Besorgte entweder gar nicht statt (▸Lügenpresse), wird als provoziert abgekanzelt (»selber schuld«) oder mit Verweis auf andere Gewalttaten – oft genug fiktive – relativiert.
Ein Opferstatus flankiert diese Mythen von absurden Vernichtungsängsten, die einen Bürgerkrieg aufziehen oder »Genozid am eigenen Volk« (▸Umvolkung) im Gange sehen. Die unheilvolle Verknüpfung eines pessimistischen Welt- und Menschenbildes mit empfundener oder faktischer Benachteiligung, Abwertung und Bedrohung führte zur inneren Ausrufung eines archaischen Kriegsrechts, zum Lagerdenken, das keine Ambivalenzen und Unentschlossenheit zulassen möchte – und wiederum eigene Gewalttätigkeit rechtfertigt. Den Worten folgen Taten. Es wird kommunikativ ein Klima geschaffen, in dem es legitim wirkt, ein unbekanntes Gegenüber zu beleidigen, zu bedrohen, ihm das Menschsein abzusprechen. Schließlich fliegen Fäuste, Steine, Brand- und Sprengsätze, begleitet von jenen, die klatschen, kleingeredet von jenen, die davon nichts mitbekommen haben wollen, und lautlos bejubelt von jenen, die bei Facebook »Gefällt mir« klicken. [rs]

GEZ Der Name Gebühreneinzugszentrale (GEZ) ist mit der letzten Gesetzesänderung, derzufolge alle Haushalte pauschal zur Rundfunkabgabe gezwungen werden, eigentlich Vergangenheit. Im Modus des euphemistischen Neusprech heißt es nun Beitragsservice von ARD und ZDF.
Im besorgten Vokabular ist die GEZ von Beginn an prominent. Die Last, für die ▸Lügenpresse – jedenfalls für den öffentlich-rechtlichen Teil – auch noch Geld zahlen zu müssen, wiegt schwer. Folglich tönte der Zorn gegen die Abgabe für den vermeintlich gleichgeschalteten Staatsfunk bereits bei den ersten Gida-Demos deutlich durch und hält sich beharrlich. Für Markus Lanz und den VFL Wolfsburg zu zahlen, ist tatsächlich keine schöne Sache. Es gibt allerdings noch einen weiteren

Grund für die Intensität und Penetranz der besorgten Aufregung über die GEZ: Die Bewegung versammelte sich anfänglich um politisch ziemlich allgemeine wie leere Phrasen, etwa die Rettung des ▸Abendlands. Auf Fragen, was die Spaziergänger eigentlich wollten, folgte Stottern. Die GEZ abzuschaffen, kam da gerade passend, weil es wenigstens eine konkrete Forderung lieferte. Dass diese schwer umsetzbar ist und eine Pegida-Initiative zum Bürgerbegehren gegen die GEZ in Sachsen kläglich versandete, steht auf einem anderen Blatt. [rf]

Grenze Metaphorisch gesprochen gibt es unzählige Grenzen, denen meist ein trauriger Ton anhaftet: Grenzen des Machbaren, der Erfahrung, der Belastbarkeit. In Diskussionen zu Flucht und Migration, zu Europa, den USA oder Deutschland, in deren Dunst das besorgt-bürgerliche Gepolter zunehmend hörbar wurde, scheinen Sinn und Bedeutung von Grenze auf den ersten Blick so klar wie einleuchtend. Ein Staat, ein Volk, ein Territorium, das sich nur mithilfe von Grenzziehungen denken und bewandern lässt. Dementsprechend schallt der Ruf »Grenzen dicht!« allenthalben durch Straßen und Foren – ironischerweise kolportieren die Deutschtümler dabei ein Lehnwort aus dem Altpolnischen (*granica*).

Auf den zweiten Blick verschwimmt das Bild dieser schönen, strammen ▸Mauer, die zumeist die abstrakte Idee einer Grenze bebildert. Denn gerade weil die Grenzen nicht dicht sind, können die Spaziergänger ihre vermutlich in Taiwan produzierten Deutschlandfahnen günstig kaufen. Der scharfe Einwand, die Grenzen – vor allem die grüne – endlich zu schließen, bedarf einiger Konkretisierungen. Schließlich soll die Reise zum Balaton barrierefrei sein.

Die Grenze muss also selektieren, statt hermetisch abzuschotten. Sie darf Warenströme nicht tangieren. Überhaupt muss jede Form von Ausreise möglich sein, sonst würde Deutschland zum Freiluftgefängnis mutieren. Und damit kennen sich besonders die ostdeutschen Bürger aus. Auffällige Paradoxie: Obwohl in besorgten Kreisen der Bezug zu ▸89 fein gepflegt wird, sind die Grenzfantasien entgegengesetzt.

Auch bei der Einreise ist dicht nicht gleich dicht. Gegen finanzstarke Urlauber und Erntehelfer, die den Spargel bezahlbar halten, haben auch besorgte Bürger oft nichts einzuwenden. Selbst Spezialisten oder Forscher, von denen die hiesige Wirtschaft profitiert, könnte man dulden, genauso wie Schweden, Norweger oder Belgier. »Die Grenzen dicht!« soll also nur bestimmte Leute abtropfen lassen: Der stereotype ▸Flüchtling beziehungsweise ▸Asylant. Wenn sich Bürger um Grenzen sorgen, ist damit eher eine Öffnung des Volkskörpers gemeint, in den keine Schädlinge dringen dürfen.

Doch die Forderung nach der undurchlässigen Grenze bedient noch ein anderes besorgtes Muster. Selbst der Mainstream nahm irgendwann wahr, dass die Angelegenheit mit der ▸Nation kompliziert ist. Als soziale Erfindung, ein Konstrukt jüngeren Datums, gerät sie mit den grenzüberschreitenden Effekten des Kapitalismus zunehmend aus den Fugen. Hypes und Trends sind ebenso wenig national wie Konsumgüter aller Art. Je wackeliger die gelebte und fantasierte Nation ist, umso wichtiger wird der abzuwehrende Flüchtling als negative Bestätigung der eigenen nationalen ▸Identität. Solange man Grenzen schließen und ihn aussperren kann, lebt die nationale Imagination weiter, in Jeans aus China, vor einem Bildschirm aus Taiwan und mit einem Bier aus den Niederlanden. [rf]

großer Austausch

▸Umvolkung

Grundgesetz

Die Besorgtenbezugnahme aufs Grundgesetz ist höchst ambivalent. Einerseits wird es selektiv zitiert, um dem ▸linksversifften ▸Mainstream mitsamt seiner Kanzlerin vorzuwerfen, selbiges zu brechen. Nicht etwa, weil die Verschärfung des Asylrechts oder die beinahe uferlose Ausweitung geheimdienstlicher Spielräume dem Grundgesetz widerspricht. Stattdessen wird immer wieder Artikel 1, Absatz 2 zitiert, in dem es heißt, das »deutsche Volk« ist das »handelnde Subjekt des Staates«, ergänzt um Artikel 20, Absatz 2, Satz 2, in dem das Volk »als Träger der Staatsgewalt« ausgewiesen wird. Man ahnt es: Wenn nur die Besorgten das ▸Volk sind (auf einem Transparent in Dresden stand verräterisch »Wir – und nur wir – sind das Volk«), dann müssen Regierung und Gerichte exakt das tun, was die Zornigen begehren: Hohe ▸Mauern um Deutschland, Lager für Ausländer, Angela Merkel absetzen. Die Verengung des Wortes Volk auf weiß und blutsdeutsch lässt schräge Deutungen zu. *Kopp-Online* etwa, der digitale Ableger des Haus- und Hofverlags deutsch-nationaler Verschwörungsfantasien, erkennt im Grundgesetz einen »verfassungsrechtlich (...) klar definierten völki-

schen Erhaltungsauftrag«; identitäre und biologische Reinrassigkeit sozusagen. Auf diese Weise wird das vermeintlich demokratische Argument in Stellung gebracht, Merkel breche das Grundgesetz.
Gleichzeitig jedoch gilt vielen in diesen Kreisen derselbe Text als ausländisches Machwerk und Ausdruck eines noch immer von Besatzern kontrollierten Deutschlands. Richtig ist, dass nach 1945 die Besatzungsmächte einigen Einfluss auf das Gesetzeswerk genommen haben. Über die Alternative lässt sich allerdings niemand aus. Hätten stattdessen die Nazis selbst eine demokratische ▸Verfassung erarbeiten sollen? Ein Schelm, der Böses dabei denkt. Schließlich beißt man sich am Wort fest: Wer souverän sei, habe eine Verfassung. Dass es hier nur ein Grundgesetz gibt, verrate bereits den BRD-Vasallencharakter (▸Deutschland GmbH). [rf]

Gummimuschi

Selbstbefriedigung als Verursacher von Angstzuständen hat Tradition. Im Kontext des Christentums wurde sie wie alle Formen von Sexualität, die nicht der Fortpflanzung dienen, als sündig und unzüchtig betrachtet. Hinzu erfand man medizinische Risiken wie Rückgratschwund und Unfruchtbarkeit. Die Liste ist lang und fast immer auf Männer reduziert, weil der Frau als dem anderen, passiven Geschlecht ohnehin keine eigene Lust zugeordnet wurde (▸deutsche Frau). Also galt, schön die Hände über der Bettdecke zu lassen.
Der hinter der Bezeichnung Gummimuschi, auch Lustmuschi, steckende Gegenstand ist eine Masturbationshilfe mit künstlich geformten weiblichen Genitalien. Ähnliche Prothesen, wie die Taschenmuschi, setzen nicht aufs anregende Äußere, sondern allein auf gefühlsechte innere Werte. Selbstbauanleitungen schwören auf Socken, Luftballons, der »Japanese Style« empfiehlt Gelkugeln und Popcornmais.
In den Besorgtensprech rutschte die Gummimuschi durch eine Pegida-Tirade von Tatjana Festerling: »Das Bruttonationaleinkommen eures Staates wird explodieren, weil die Gummimuschi- und Plüschpimmel-Produktion für die Sexualaufklärung in Kindergärten und Schulen massiv angekurbelt werden muss.« (▸Frühsexualisierung) Natürlich verteilt niemand Masturbationshilfen in Kindergärten. Was aber nützt alle Aufklärung bei erregten Besorgten? Mit der Kritik an »Genderismus« (▸Genderwahn), frühkindlicher Sexualaufklärung und Gleichstellung Homosexueller als Teil des rechten Kulturkampfs wurde die

Gummimuschi zum Symbol für die imaginierte Verrohung und Sexualisierung der Gesellschaft.
Übrigens scheint die Gummimuschi auch an einer männlichen Urangst zu rühren und Assoziationen zur *vagina dentata* (bezahnte Vagina) zu wecken. Die Vorstellung vom bissigen Unterleib ist Ausdruck einer Kastrationspanik, die Männer seit Beginn der Kulturgeschichte umtreibt. In mehreren Mythen taucht das Motiv der zuschnappenden Vagina auf, weshalb es Sigmund Freud zur Illustration seiner Phallustheorie aufgriff. Andere deuten die Sagen als zähmende Warnung vor der fremden Frau – »Es könnte deine Chefin sein!« Vielleicht verbirgt sich hinter dem Mythos auch eine ganz banale Einsicht über die Aggregatzustand verändernde Kraft der Vulva: Die triumphierende Haltung, mit der er eindringt, ist am Schluss stark abgeklungen. [tp]

Gutmensch

»Der größenwahnsinnige Herrenmensch ist zurück«, hieß es von Pegidas Bühne. Er komme heute als Gutmensch daher. Nun ist Tucholskys Spruch »Das Gegenteil von gut ist nicht böse, sondern gut gemeint« allbekannt, wie aber konnte der gute Mensch zum Feindbild werden?
Die Wortherkunft ist diffizil, es werden diverse Quellen angegeben. Eine behauptete Verwendung in der NS-Propaganda ist nicht belegbar. Als heute ausgestorbener Familienname war Gutmensch besonders in Mähren verbreitet. Der Heilige Homobonus wurde zu Gutmensch eingedeutscht, die christlichen Sektierer Katharer nannten sich selbst Bonhommes. Dass ein Wort mal irgendwo auftauchte, heißt aber nicht, dass es prägend war. Ab den 1990ern wird der Gutmensch greifbar innerhalb feuilletonlinker Kritik an der moralinsauren Rhetorik eines wohlhabenden, meist Grün wählenden Mittelstands, der politische Korrektheit als Distinktionsmittel begriff. Besonders das von Klaus Bittermann herausgegebene zweibändige, ätzend-sarkastische *Wörterbuch des Gutmenschen* rieb sich an floskelhafter, konsequenzloser, letztlich entpolitisierender Sprache.
Irgendwie wanderte die Wortverwendung nach rechts. Dort wird alles jenseits der eigenen Position pauschal als Gutmenschentum verunglimpft, um sich damit nicht mehr auseinandersetzen zu müssen. Der Gutmensch ist wohlfeil, naiv, verkennt alle Realitäten, wenn er pro Asyl ist und als Bahnhofsklatscher Flüchtlinge willkommen heißt. Man lehnt pauschal die Person ab, statt zu argumentieren. So funktioniert

neuerdings auch der Vorwurf des ▸ Faschismus von rechts. In letzter Zeit erfuhr der Begriff eine Verschärfung. Gutmenschen sind nicht mehr spinnerte Utopisten, sondern Machtmenschen, die »Islamkriminelle« zur gezielten Gesellschaftszersetzung ins Land holen. Über ihr »Meinungsdiktat« üben sie sich in einer Aggressivität – Thilo Sarrazin meinte, »dass die sogenannten Gutmenschen« über ihn »herfielen« –, der man sich nur mittels ▸ Tabubruch erwehren könne. [tp]

H

Heimat

»Der sehr deutsche Begriff Heimat klingt harmlos. Doch progressiv besetzt werden kann er nicht«, argumentierte Patrick Gensing in der *taz* und verwies unter anderem auf die Nazikameradschaft Thüringer Heimatschutz, Forderungen besorgter Bürger, die Band Frei.Wild und den unter dem Begriff Neue Heimat firmierenden Siedlungsbau der Nazis. Die hässliche Schlagseite des Wortes spiegelt sich auch im niedlichen DDR-Pionierlied *Unsere Heimat*. Zuerst wird dort ein idyllisches Bild von Natur und Kultur gezeichnet, die Heimat dann aber nicht wegen ihrer Eigenqualitäten für schützenswert erklärt, sondern »weil sie unserem Volke gehört«, wie das Lied in höchsten Tönen kulminiert. In einer solchen Lesart von Heimat steckt immer auch Blut und Boden, die unverbrüchliche Verknüpfung von Menschen mit ihrer Umgebung, Unveränderlichkeit und die notfalls bewaffnete Verteidigung der Scholle (▸ Volksgemeinschaft).
In seinen eher harmlosen Ausformungen erinnert das Wort an Heimattümelei, -filme und -vereine, in denen ein verklärt-sentimentales Bild der Vergangenheit zelebriert wird und Kleinkariertheit mit Altherrenwitzen für irgendeine gute alte Zeit steht. Es gibt jedoch mehr als das: Man spricht mitunter von der alten oder der neuen, von der geistigen, politischen oder kulturellen Heimat, wenn ein besonderer Bezug zu einem Ort, einer Idee, einem Lebensstil oder einer Vorliebe herausgestellt werden soll. In diesen Fällen stecken bereits im Kontext entweder die Loslösung von der Scholle oder gänzlich enträumlichte Konzepte ebenso wie Veränderbarkeit und Wahlmöglichkeiten. Der Kulturpsychologe Ernest E. Boesch definierte Heimat als »Ort des sicheren Handelns«, was auch der historischen Dimension des Begriffs gerecht wird. Denn er stand nicht für den Landstrich, wo zufällig Geburt und ein Großteil des Lebens stattfanden, sondern für eine Region, innerhalb derer man gewisse Rechte genoss und häufig verbrieftes Eigentum besaß. »Heimatlose Gesellen« waren keine

frühen Antideutschen, sondern wandernde Tagelöhner ohne sichere Rechtstitel, die Ausgestoßenen und Vertriebenen – was den »illegalen Einwanderern« wie auch den Flüchtenden von heute entspricht. Heimatlosigkeit oder die vor der Heimattümelei des 19. Jahrhunderts häufige Verwendung als »himmlische Heimat«, die nur im Jenseits zu finden ist, veranschaulichen, dass Heimat trotz der Diffusität deswegen so schwer zu tilgen ist, weil sie für das Grundbedürfnis nach einem konkreten oder metaphysischen Ort steht, an dem man schlicht man selbst sein kann und geborgen ist. Dadurch eignet der Begriff sich einerseits zur Mobilisierung von Besorgten, aber andererseits als Hoffnung, Raum der Rechtssicherheit und Kontrapunkt von Neuankömmlingen, Außenseitern und »Mimimis« (Mitbürger mit Migrationshintergrund, Samy Deluxe), die durchaus selbstbewusst Heimat einfordern und nach ihren Vorstellungen gestalten. [rs]

Identität

In pathetischer Prosa dreht sich das Identitätskarussell seit einigen Jahren mit der Identitären Bewegung in eine weitere Pirouette hinein: »Unsere Generation ist das Opfer der 68er (...). Wir lehnen die Geschichtsbücher ab (...). Wir sind die Bewegung, die auf unsere Identität, unser Erbe, unser Volk und unsere Heimat schaut und erhobenen Hauptes dem Sonnenaufgang entgegengeht!« Im Abwehrkampf einer »Selbstabschaffung« Deutschlands gibt diese Gruppe die Wacht am Rhein – und bedient rassistische Ressentiments. Der Besorgtenrest tut es ihnen gleich.
Was Identität sein soll, bleibt nebulös. Dem Soziologen Jürgen Habermas zufolge ist sie »jene eigentümliche Fähigkeit sprach- und handlungsfähiger Subjekte, auch noch in tiefgreifenden Veränderungen der Persönlichkeitsstruktur, mit denen sie auf widersprüchliche Situationen antworten, mit sich identisch zu bleiben«. Das Wort »eigentümlich« ist bezeichnend: Erklären kann Habermas nicht, wie Identität funktioniert. Und doch hat sie sich als fester Ort des Egos, als eine Art Ichbewusstsein durchgesetzt. Was aber soll »Ich bin mit mir selbst identisch« bedeuten?
In den 1980ern kam die Identität im politischen Feld ins Spiel: Als kollektive Identität füllt sie seither jene gemeinschaftsstiftende Lücke, die mit dem Ende des Kalten Kriegs entstanden ist. Immer dann, wenn eine Krise der Identität angenommen wird, kocht das Konzept vom Identitätskollektiv hoch. Im Festhalten des Einzelnen am größe-

ren Rahmen wird nie dezidiert deutlich, was Identität eigentlich ist. Findet sich die Horde unter ihrer Standarte zusammen, fühlt schon jeder, was Sache ist.
Kulturelle Identität wird über große Erzählungen gestiftet: zum Kulturgut kanonisierte Literatur und Musik, zum Idealtyp stilisierte Landschaften wie der Deutsche Wald, Monumente wie das Brandenburger Tor, Rituale, Symbole, Feiertage (▸Weihnachten). Es geht um die Herstellung von Tradition durch einen Gründungsmythos. So gilt die Schlacht im Teutoburger Wald als Geburtsstunde der Deutschen, ungeachtet dessen, wie absurd es ist, von germanischen Stämmen eine Kontinuität ins Heute abzuleiten.
Den Prägungen seiner ▸Kultur kann man nicht entrinnen, das ist die Botschaft. Waren es mal Blut und Gene (▸Volksgemeinschaft), die über einen Menschen bestimmen sollten, so wird er nun über seine Kultur definiert. Diese entlässt ihn ebenso wenig wie ehedem die ▸Rasse. Da, wo man herkommt, ist man derart verwurzelt, dass man sich von den lokalen Eigenheiten, Denkweisen, Einstellungen, Talenten nie mehr lösen kann – so die Vertreter dieses Konzepts. Der Einzelne wird übers Kollektiv definiert: Kultur als Korsett. Sie ist ein Brandzeichen, das sich nicht abstreifen und den Anderen immer ▸fremd sein lässt. [tp]

Integration Angesichts der aktuellen Debatten klingt es wie Hohn, dass Integration von lateinisch *integrare* stammt, was soviel bedeutet wie erneuern, ergänzen oder geistig auffrischen. Geistige Frische würde dem Wort guttun. Mit ihm wird an unterschiedliche Menschen die Aufforderung gerichtet, sich den gegebenen Gebräuchen zu unterwerfen, die hiesige ▸Kultur anzunehmen. Damit sind dann freilich keine deutschen Abgründe gemeint, sondern die auf Hochglanz polierte Oberfläche der Tugenden: Fleiß, Ordnung, Disziplin. Im Sinne der Integration forderte etwa Baden-Württembergs Minister für Ländlichen Raum Peter Hauk (CDU), in sozialen Medien solle zwangsweise Deutsch geschrieben werden, während der Werbeslogan desselben Bundeslandes »Wir können alles. Außer Hochdeutsch« lautet (▸deutsche Sprache).
Mit Integration wird also ein Anpassungsdruck formuliert, der in erster Linie die vermeintlich hochproblematische Andersartigkeit von Menschen aus anderen Ländern betont. Nicht gesagt wird, wo hinein genau sich geflohene Menschen integrieren sollen. In einen Stadtteil von Ber-

lin? Oder ins niederbayerische Dorf? Sollen Migranten auch die sexistisch-machistischen Verhaltensweisen vieler Oktoberfestbesucher übernehmen? Die Besorgten reden folglich von Integration entweder gar nicht, weil sie diese in jeder Form als Bedrohung ansehen (▸ Umvolkung). Oder sie nutzen den Begriff als Chiffre für Unterwerfung.
Ohne Zweifel ist es förderlich, Sprachbarrieren abzubauen und einigen Eckpfeilern hiesiger Lebenswelten zur Geltung zu verhelfen. Es ist eine Binsenweisheit, dass mitunter chauvinistisches Gedankengut migriert. Die Ironie dieser Angelegenheit ist allerdings, dass gerade jene, die allenthalben auf der Suche nach ihrer verlorenen ▸ Männlichkeit sind, Aufklärung und Gleichberechtigung anmahnen.
In spätkapitalistischen Gesellschaften verläuft Integration in erster Linie über Arbeit, weil diese das zentrale Moment sozialer Interaktion darstellt. So gesehen mögen die Hürden, ohne deutschen Pass einen Job ausüben zu dürfen, verwundern. Das allerdings erklärt ein Blick auf die Logik der ▸ Flüchtlingskrise, die gar nicht bewältigt werden soll. Krisen legitimieren eine Politik des Ausnahmezustands, mit dem Überwachung und Kontrolle ausgebaut und Rechtsregeln verschoben werden können. Dies führt zum doppelten Spiel des Souveräns, der Integration zugleich verlangt und verweigert, weil er eine Lösung des Problems vertagen muss. Tatsächlich erfolgreiche Integration würde der Ausnahme ein Ende bereiten und den heimlichen Spielpartner, die besorgten Bürger, restlos gegen den Souverän aufbringen. Offene Nicht-Integration andererseits würde bedeuten, die Kontrolle, die Staatsräson aus der Hand zu geben. Folglich führt der Weg Geflüchteter systematisch »vom Lager ins Ghetto« (Markus Metz/Georg Seeßlen). [rf]

Invasionsarmee

Invasionsarmee ist offensichtlich ein militärischer Begriff und eine Dopplung. Invasion allein bezeichnet bereits eine kriegerische Handlung mit dem Ziel, das Feindterritorium zu erobern, wofür es eine Armee braucht. Bislang war eine Invasion ohne Armee nur als gewagte Metapher denkbar. Neuerdings ist ▸ Krieg alles Mögliche. War er bei Carl von Clausewitz die Fortführung der Politik mit anderen Mitteln und wurde am Ende des 20. Jahrhunderts mit den neuen asymmetrischen Kriegen begrifflich und praktisch dezentriert, lässt sich aus Besorgtensicht Krieg auch ohne Waffen denken. Eine größere Gruppe unbewaffneter Menschen auf der Flucht reicht, um eine Invasionsarmee zu halluzinieren. Der Begriff wird nicht nur als überspitztes Bild einer vermeintlich problematischen Einwanderungspolitik in den Ring geworfen. Vielmehr wird sein harter, kriegerischer Kern für bare Münze genommen; die »angeblichen« ▸Flüchtlinge gelten als eine Art biologische Waffe, mit der Europa geschwächt und letztlich übernommen werden soll. [rf]

Islam »Islam = Karzinom« wurde als Transparent monatelang auf ▸Spaziergängen von Pegida hochgehalten. Abgesehen von der absurden Gleichsetzung einer Religion mit Krebserkrankungen, spiegelt die Funktion das Wort in besorgten Kreisen treffend. Ganz im biologistisch-völkischen Ton ist der Islam eine Krankheit, die den Volkskörper befallen hat und bekämpft, genauer besiegt werden muss. Der Islam steht symbolisch für den Antagonismus, für das Andere und Fremde, der das Phantasma der inneren Eintracht, des geschlossenen deutschen Organismus am Leben erhält. Geradewegs in den Fußstapfen des alten Nazis Carl Schmitt wird der Islam zum Feind stilisiert, der immer schon die »reale Möglichkeit des Kriegs« heraufbeschwört und die Freunde erst kenntlich macht. Das Wir-gegen-die-Anderen, also das Grundmotiv der völkisch-besorgten Bewegung, bastelt sich hier sein Gegenüber zurecht. Dass die Wirklichkeit der benannten Religion komplizierter ist, fällt dem nach innen identitätsstiftenden Prozess zum Opfer. Die zwei großen Fiktionen ▸Abendland und Islam stiften Sinn und sollen das spätmoderne Chaos sortieren helfen.

Tatsächlich ist der Islam ein Name für vielzählige religiöse Strömungen in der Nachfolge des Propheten Mohamed, die sich – wie Christen auch – untereinander alles andere als einig über die richtige Auslegung ihrer heiligen Schriften sind. Schiiten, Sunniten, sufistische und salafistische Strömungen oder Ibaditen und viele mehr deuten den ▸Koran nicht im Ansatz einheitlich (▸Scharia). Das heißt auch, dass das Verhältnis von Religion und Staat, die Frage, wie Islam und Moderne zusammenpassen, wie man mit anderen Religionen umgeht und welche Rolle Gewalt spielen darf, Gegenstand intensiver Debatten ist. Ohne Zweifel gibt es hochproblematische, weil fundamentalistische Auslegungen, die allerdings numerisch gesehen einen verschwindend geringen Teil ausmachen; wenngleich sie medial vermittelt als Riese erscheinen. Wenige Irre für das Ganze zu nehmen, entspricht typisch demagogischen Argumentationsmustern. Logisch gesehen müsste man dann auch die Evangelikalen als Gesamtheit des Christentums verkaufen oder Anders Breivik für ganz Norwegen stehen. [rf]

Islamisierung Historisch bezieht sich der Begriff auf die Ausbreitung des ▸Islams in seiner Frühphase, also etwa bis ins 10. Jahrhundert. Im Rahmen der ▸Umvolkung erscheint die Islamisierung als strategisches Mittel einer großen Verschwörung gegen Deutschland, um den Volkskörper kaltzumachen. Geflüchtete Menschen werden als Waffe (▸Invasionsarmee) verstanden, mit der die besonders im atheistischen Osten so tief verwurzelte ▸christlich-jüdische Tradition verdrängt wird. Dafür muss man freilich den Islam als kriegerisches Gegenüber annehmen. Dass die ▸Angst vor der Islamisierung gerade in Dresden ihren Stammsitz hat, ist eine weitere bizarre Auffälligkeit. Der muslimische Bevölkerungsanteil liegt in Sachsens Hauptstadt bei beängstigenden 0,1 Prozent. [rf]

Islamkritik(-er) Die Dresdner Spaziergänger formulieren die Gefährdung der ▸christlich-jüdischen Tradition bestimmt: »Wir wollen auch keine integrierten Muslime! Genau die zerstören doch das christliche Abendland.« Einige (ehemalige) Pegida- und AfD-Leitfiguren versuchen, ihre islamkritischen Positionen als differenzierter darzustellen. Lutz Bachmann erwähnt gern seine »muslimischen Freunde«, die AfD-Vizevorsitzende Beatrix von Storch versteht den »politischen« Islam als die »größte Bedrohung für Demokratie und Freiheit«. Beide Einschränkungen suggerieren, dass es der besorgten Islamkritik nicht um *die* Muslime oder *den* Islam ginge. Im Fall von Bachmann handelt es sich um die klassische Legitimation von Rassismus. Sein Freund ist Ausländer, da kann er kein Rassist sein. Kennzeichen der Islamkritik – im Gegensatz zur Religionskritik oder einer Kritik an Gewalt – ist gerade, dass sie nicht zwischen politischen Ideologien mit Islambezug, verschiedenen islamischen Glaubensrichtungen und Menschen muslimischen Glaubens differenziert, sondern *den* Islam als eine politische Religion begreift, die grundsätzlich nicht mit dem demokratischen ▸Rechtsstaat kompatibel ist. So spielt auch von Storch mit einer Pseudodifferenzierung. Sie stützt sich auf eine Handvoll ▸Koranzitate, für die in den meisten Fällen äquivalente Bibelstellen existieren und für die es ebenso völlig

unterschiedliche Übersetzungen und Interpretationen (mitsamt ihrer Negation) gibt. Geforderte AfD-Maßnahmen gegen die »größte Bedrohung« attackieren allesamt pauschal den Islam: Keine Zuwanderung von Muslimen, Verbot von muslimischen Kopfbekleidungen und Minaretten; die AfD-Niederbayern will gleich grundsätzlich den »Bau und Betrieb von Moscheen« unterbinden. Zur Legitimation ist jedes Mittel recht. Der vollkommen unverdächtige Alltag vieler der 1,5 Milliarden Muslime weltweit wird von einer sorgsamen Auswahl der (Gewalt-) Taten von (organisierten) Terroristen und Psychopathen repräsentiert. So gesehen wandelt die Islamkritik auf dem gleichen Pfad, den die AfD dem Islam unterstellt: Zur »Erreichung seiner Ziele gegenüber Außenstehenden« sind »auch Lüge oder Täuschung« zulässig.
Angesichts einiger prominenter Vertreter tatsächlicher Differenzierung in diesen Fragen – etwa Christian Wulff, Angela Merkel oder Heiko Maas – könnte man glauben, dass islamkritische Sorgen nur in erstarkten, aber begrenzten Kreisen von AfD und Pegida vorhanden sind. Mehr noch als bei der verwandten ▸Asylkritik fragt sich aber, wie dieses Muster jemals zum Tragen kommen konnte. Noch jede Feststellung, nach der deutsche Muslime selbstverständlich als Bürger zur BRD gehören und damit irgendwie auch der Islam, hat Schockwellen durchs Land gejagt. Jenseits des linksliberalen Feuilletons und der sonstigen üblichen Verdächtigen der Differenzierung bestimmen nach wie vor eine ziemlich pauschale Islamkritik und ein tief in Gesellschaft und Staat verankerter antimuslimischer Rassismus das Klima. Eine tatsächliche Verteidigung demokratischer Werte würde sich gegen den Terror in allen seinen Formen richten – egal ob er im Namen des Islams gegen »Ungläubige« oder im Namen des Abendlands gegen »Muslime« ausgeübt wird. [mr]

Klartext

»Endlich Klartext reden« ist der neueste Schrei politischer Rhetorik. Unzählige Kommentare werden entsprechend geadelt. Von »DDR 3.0? Die Partei hat immer Recht« über »Merkel bringt uns den Untergang!« (▸Danke, Merkel!) bis zu Gerüchten von ▸Plünderungen und der Behauptung, Pegida repräsentiere die bürgerliche Mitte. Auch Medien, besonders Boulevardblätter, nutzen den Begriff gern, um Derbes zu hofieren. Fast immer handelt es sich um schroffe, aggressive Deutungen, die Pauschalisierungen als Klartext kaschieren. Das Wort ist eine reißerische Umschrift dafür, komplizierte Dinge zu trivialisieren und sie dem Stammtisch mundgerecht hinzulegen. Häufig werden fremdenfeindliche Klischees und falsche Vergleiche als angemessene Reduktion verkauft. Wie Markus Ulbig (Sachsens Innenminister, CDU), der alle geflohenen Menschen vom Balkan zu Schmarotzern erklärt und dafür ein Klartext-Lob von der *Bild* erntet. Klartext heißt in der Kryptografie eigentlich unverschlüsselt, offen. Wer die Rhetorik der Besorgten als offen deutet, muss sich über Eskalationen nicht erstaunt die Augen reiben. [rf]

kleiner Mann Alle meinen, ihn zu kennen und zu wissen, was gut für ihn ist. Alle Parteien spielen Schwarzer Peter darum, wer nicht für ihn und seine Interessen eintritt. Die AfD bezeichnet sich als Vertretung des kleinen Mannes, die Besorgten sehen sich als seine Verkörperung. Der kleine Mann ist das ▸Volk, das eben nicht »die da oben« ist, nicht zu den ▸Etablierten gehört.
Der kleine Mann geistert durch die Literatur des 20. Jahrhunderts, hat Namen wie Franz Bieberkopf (*Berlin Alexanderplatz*) oder Josef K. (*Der Process*). Am bekanntesten sind wohl der Buchhalter Johannes Pinneberg und die Verkäuferin Emma Mörschel aus Hans Falladas *Kleiner Mann – was nun?*, wo es heißt: »Mit uns kleinen Leuten machen sie, was sie wollen«. Die Figur taugt prächtig zur Selbststilisierung als Opfer und zugleich tritt der kleine Mann nach unten, gegen ▸Fremde und Schmarotzer, die er mit seiner ehrlichen Hände Arbeit durchfüttern soll. Das macht ihn besonders anschlussfähig für Besorgte – und setzte ihn schon früh Spott und Kritik aus.
Die Comedian Harmonists sangen: »Kleiner Mann, was nun? Wenn's morgen anders ist, was tun? / Bedenke, daß die Welt sich dreht seit sie besteht.« Hellsichtig formulierte Psychoanalytiker Wilhelm Reich in seiner *Rede an den kleinen Mann* 1946: »Du bist nicht ›das Volk‹, kleiner Mann. Du bist der Verächter des Volkes, denn du verwaltest nicht sein Recht, sondern deine Karriere.« [tp]

Koran Die Heilige Schrift des Islams ist Gegenstand unzähliger Debatten. Wie es sich für eine etwa 1.400 Jahre alte arabische Überlieferung gehört, wird darüber gestritten, wie einzelne Suren oder Verse zu übersetzen und zu deuten sind. Prominent wurden diese Diskussionen am Beispiel des Dschihad, der irgendetwas zwischen einem Krieg gegen alle Ungläubigen und einer moralisch-sittlichen

Haltung meinen kann. Für die Besorgten ist der Koran das Wort gewordene Böse, die Sprache des Feindes. Er wird dazu missbraucht, anhand einzelner Verse die Bösartigkeit des Islams zu belegen. Deutungen dieser Art lassen sich ohne Zweifel finden, genauso wie jene eines generellen Tötungsverbots und einer unbedingten Akzeptanz aller monotheistischen Religionen. Abgesehen von der Anmaßung, einzelne, mitunter billig übersetzte Verse in böser Absicht zu kolportieren, mangelt es den Advokaten des ▸Abendlands auch hier an der nötigen Konsequenz. Schließlich liefert die Bibel nicht minder brutale, frauenfeindliche und für heutige Leser nachgerade absurde Passagen. Dass dieses Wort Gottes nicht für bare Münze zu nehmen ist, bezweifelt dabei niemand. (▸Scharia) [rf]

Krieg

Wie jedes Kind weiß, ist Krieg ein übler mit Waffen ausgetragener Konflikt. Seit einigen Jahrzehnten allerdings verwischt der Unterschied zwischen Krieg und Frieden. Galt früher, dass ein Krieg zwischenstaatlich ist und es sich ab einer Zahl von 1.000 Opfern um einen solchen handelt (so etwa im Rahmen seriöser Friedensforschung), ist mittlerweile der Übergang von bewaffneten Konflikten zum Krieg fließend. Zu viele überstaatliche oder nichtstaatliche Akteure mischen mit. Die alteuropäische Deutung einer Welt der Nationen hat sich überlebt. Dennoch umreißt der Begriff Kämpfe und Auseinandersetzungen zwischen Bewaffneten. Selbst wenn metaphorisch vom Drogenkrieg die Rede ist, handelt es sich noch um scharfe, intensive und mit Waffen ausgetragene Kampfhandlungen.
Im Besorgtenvokabular ist der Begriff restlos zur Metapher geworden. Wie deren Umdeutung von Flüchtlingen zur ▸Invasionsarmee zeigt, imaginieren die Besorgten einen groß angelegten Krieg biologischer Verdrängung. Irgendwer auf dieser Welt (vornehmlich die ▸USA) habe den geheimen Plan zur ▸Umvolkung ausgeheckt. Neben dem Unsinn, eine solche globale Steuerung für möglich zu halten, bleibt offen, was das mit Krieg, mit Panzern und G-36-Gewehren zu hat. [rf]

Kultur

Im besorgten Sprachschatz taucht Kultur nur in zwei streng getrennten Varianten auf: die ▸fremde und die eigene. Was Kultur bedeutet, ist jedoch heftig umstritten. Das lateinische *cultura* bezog sich zunächst auf Ackerbau und Urbarmachung. Seit langer Zeit meint der Begriff vor allem das, was nicht Natur ist. In diesem Sinn fungiert Kultur als Container für Werte, Normen, Sprache, Ess- oder Schlafgewohnheiten, für Musik, Kunst oder Kleidung. Dieses riesige Kaleidoskop erlaubt es, in vielen unterschiedlichen Skalierungen von Kultur oder Kulturen zu sprechen: Sub-, Jugend- oder Hochkultur, Fußball-, Stadt- oder Grillkultur. Als Gegenwartskultur oder politische Kultur unterhält der Begriff enge Verbindungen zu Zeitgeist oder Selbstverständnis. Je nach Kontext lassen sich beinahe beliebig Kulturen markieren.

Von deutscher Kultur zu sprechen – wie es den Besorgten einzig in den Sinn kommt – erscheint bei genauerer Betrachtung weniger selbstverständlich. Was verbindet die Hipster-Lebenswelt in Berlin-Mitte mit der Niederhammerwiesenthaler Dorfidylle oder der hochkulturellen *Hamlet*-Inszenierung in Hamburg? Wie muss man sich die gemeinsame deutsche Kultur zwischen einem 12-jährigen Pokémon GO!-Spieler und einem Rentner, der früher stolzer Offizier war, vorstellen?

Um das Eigentliche deutscher Kultur zu betonen, werden Fleiß, Ordnung und Pünktlichkeit hervorgekehrt. Welchen Rückhalt im wirklichen Leben diese drei Grundmuster haben, braucht nicht weiter ausbuchstabiert zu werden, außer vielleicht mit: BER.

Die Kultur der Besorgten ist eine geglaubte Erzählung, eine Chiffre für die ▸Volksgemeinschaft, die Sinn über Differenz zur ▸fremden Kultur stiftet, was auch immer das sei. Ob der Mudschahidin vom afghanischen Dorf oder die Dubaier Techno-Clique: Fremd bleibt fremd, weil nicht von hier. Das Märchen reicht bis zur deutschen Kartoffel als ewige Essenz hiesiger Esskultur. Dass diese aus Amerika emigrierte, wird ignoriert. Bleibt die achso bemühte Hochkultur der Denker und Dichter wie Goethe, Schiller oder Heine. Diese allerdings waren, wie Navid Kermani herrlich süffisant bemerkt, im besten Wortsinn Antideutsche, weil sie vom nationalen Taumel wenig angetan waren. [rf]

Kulturbereicherer

Selbst unter Neonazis glaubt man an das Potenzial kultureller Bereicherung. »Ein historisches Beispiel etwa ist die Bereicherung der Tschechen in Böhmen durch die Deutschen im Mittelalter«, doziert das Neonazi-Wiki *Metapedia*. Der unhaltbare Quark verdeutlicht die weitverbreitete Vorstellung, dass kulturelle Bereicherung nur in eine Richtung funktioniert – wenn andere von Deutschen lernen. Umgekehrt ist das nicht nur nach Meinung ausgewiesener Neonazis weder nötig noch möglich. So pöbelte ein User in einer Diskussion über Kunst, dass außer Döner, Kopftuch und Gewalt vonseiten der türkischen Zuwanderer noch nie etwas gekommen sei und alle Kunstprojekte, die etwas anderes zeigen, bestenfalls Alibicharakter hätten.

Mit der – immer zynischen – Verwendung des Begriffs Kulturbereicherer proklamieren kulturelle Analphabeten, selbst auf der Habenseite der Entwicklung zu stehen. Allerdings erschöpft sich dieses Selbstverständnis in der Regel im Herunterrasseln klangvoller Namen (Barbarossa!, Goethe!, Wagner!), wohingegen die eigene Teilhabe am kulturellen Leben sich in Breiten- und Populärkultur (Bratwurst, Fußball, Mario Barth) bescheidet. Letzteres ist so legitim wie billig, aber versetzt schwerlich in die Lage, sich als Weihepriester deutscher ▸Kultur zu verstehen und die anderer Menschen zu beurteilen. Hier beruft man sich gern auf die »eigene« Geschichte, um das eigenkulturelle Herrenmenschentum herbeizufabulieren, bestreitet aber vehement, dass die deutsche Geschichte von 1933 bis 1945 in irgendeinem Zusammenhang zum eigenen Selbst stehe. Wenn man zwar bis zur Hermannsschlacht die glorreiche Herkunft wiedererkennen kann, aber die Generation der eigenen Väter und Großväter nichts mit einem selbst zu tun hat, steckt reichlich kreative Energie in der Identitätskonstruktion.

Es ist müßig, daran zu erinnern, dass fast alles, was als deutsche Kultur gilt, aus fremden Quellen schöpft. Von Bier und Fußball über Sprache und Feste bis zu Bauhaus und Bach ist alles, was uns im Alltag wie in der Hochkultur begegnet, durchdrungen von oft überraschenden Geschichten der Herkunft, Adaption, wechselseitigen Inspiration und Verschmelzung. Kultur zeigt sich immer dort am lebendigsten, facettenreichsten und innovativsten, wo es Begegnung, Austausch oder Reibung und Konflikte zwischen Verschiedenem gibt. [rs]

Kulturkreis

Reine Deutschtümelei macht einsam; und von Zeit zu Zeit heben die Besorgten den Kopf und schauen sich in Europa um. Schließlich wollen sie nicht allein sein im ▸Abendland. Damit die Fronten nicht unübersichtlich werden, bedient man sich des Begriffs Kulturkreis, der umschreiben soll, dass wir hier und die anderen dort substanziell verschieden sind. »Wir« meint dann für den Moment nicht nur Deutschland, sondern eine etwas größere, mithin europäische Fiktion homogener Lebensstile und Sitten, die sich grundlegend von jenen anderer Kulturkreise unterscheiden. Dass dazu dann auch »heißblütige Südländer« aus Spanien oder Italien zählen, fällt hinter der Differenz zu anderen Kulturkreisen zurück. Als ein solcher wird der arabische Raum gehandelt, als existierten zwischen Teheran und dem Hindukusch, zwischen Istanbul und Kairo keine halbwegs bedeutenden Unterschiede. In dieser schroffen Vereinfachung – die Türkei kommt gleich mit in die Tajine, weil ▸Muslime eben Araber zu sein haben – beerbt die Rede vom Kulturkreis den alten Orientalismus, also die Fiktion eines einheitlichen exotisch-anderen Kulturraums namens Orient. Dass es sich dabei eher um ausgelagerte Fantasien und libidinöse Projektionen handelt, beschrieb Edward Said vor 40 Jahren. Die Prominenz des Kulturkreisbegriffs über den besorgten Horizont hinaus verdankt sich dem dubiosen Wissenschaftler Samuel Huntington. Der hatte 1993 das Dossier *Kampf der Kulturen* verfasst, in dem er von selbigen und ihren kommenden Konflikten fabuliert. Nachdem in den 1990ern die Ost-West-Konfrontation überwunden schien, bedurfte es dringend neuer, großer Frontstellungen, um geopolitisch operieren und nach innen Eintracht vermitteln zu können. Seither hat die performative Kraft der Rede von Kulturkreisen einiges bewirkt und die Welt in gute und böse Kreise unterteilt. Wissenschaftlich ist oft genug bemerkt worden, dass dieses allzu simple Bild wenig mit der viel komplexeren Wirklichkeit zu tun hat. Weil die politische Sprache jedoch von Vereinfachungen lebt, lebt die Worthülse fort. [rf]

Lindwurm

Ein Teil der Besorgtensprache bildet ein gut gehegtes Bestiarium. Nichtdeutsche gelten als »Viehzeug«, von »linken Filzläusen« ist die Rede. Alle möglichen animalischen Vokabeln werden zur Abwertung verwendet, so dass der Lindwurm keiner besonderen Rede wert wäre, brächte er keine symbolische Eigenkraft mit sich. »Es sind ja archaische Bilder«, meinte Jürgen Elsässer auf seiner »*Compact*-Freiheitskonferenz« 2015, »die wir jetzt im Fernsehen sehen: Wie ein Lindwurm, ein vieltausendköpfiger Lindwurm, sich über den Balkan wälzt, auf unsere Grenzen zu, alle Grenzbefestigungen niederreißt.« Natürlich ist die Realität kein archaisches Bild. Aber der Autor der Neuen Rechten bemüht eine solche Vorstellung, um die Wiederkehr einer altertümlichen Bestie in Menschengestalt zu suggerieren: der alles verschlingende Drache.
Der Lindwurm ist ein altes nordisches Motiv: Sigurd/Siegfried obsiegt über das schreckliche Untier im blutigen Gefecht. Manche Historiker

sehen hier einen in mythischer Epik festgehaltenen Funken Realgeschichte. So gleiche die »funkelnde Schlange« dem Legionärszug des Römers Varus, der kilometerlang metallisch waffenstarrend in der Sonne glänzte. Schwerter und Brustpanzer dieser Art hätte Siegfried im Drachenhort gefunden. Ob *Edda* und *Nibelungenlied* wirklich eine überformte Erinnerung an Arminius und die Schlacht im Teutoburger Wald enthalten, bleibt Spekulation. Jedenfalls steigt daraus der Drachentöter als Held und späterer germanischer Superman hervor. Und der wird immer wieder bemüht, um dem Zeitgeist mit Bezügen auf eine angeblich deutsche, angeblich heroische Vergangenheit Soldatenbeine zu machen. Nach der Eroberung von Paris 1871 nannte man Bismarck »Siege-Fried«. Die »Siegfriedlinie« wurde im Ersten Weltkrieg als militärisches Bollwerk installiert, die Niederlage mit der »Dolchstoßlegende« verklärt und die Nazis beschworen todessehnsüchtig die »Nibelungentreue«. Wenn man jetzt einen Flüchtlingslindwurm sich gen Deutschland walzend wähnt, ist offensichtlich, welcher Natur der daraus gezogene Rat zur Tat ist. [tp]

links Was es bedeutet, links zu sein, ist heftig umstritten: von anarchistischen Punks bis zu strammen Stalinisten, von Sahra Wagenknecht über Theodor W. Adorno bis zu ökohippiesken Weltmusiksammlern. Eigentlich sollte sämtliche Linke das Eingeständnis und die Forderung einen, dass alle Menschen gleich sind. Nur was das genau heißt und wie der Weg zu einer besseren Gesellschaft aussehen könnte, eröffnet unterschiedliche Perspektiven. Selbst wenn es um die unmissverständliche Ablehnung von Antisemitismus oder um die historische Kritik an der Nation geht, ist eine Linie schwer erkennbar. Links ist ein Label, dessen Konturen unscharf bleiben – und das es zugleich braucht, weil sich gerade dort die entsprechenden politischen Diskussionen abspielen und an ihm die emanzipatorische Idee haftet. Schon im Lauf der Geschichte hatte links ziemlich verschiedene Konturen. Ihren Ausgangspunkt findet die bis heute gebräuchliche politische Richtungskartografie in der französischen Nationalversammlung beziehungsweise in ihrer Konstituierungsphase zwischen 1789 und 1791. Dort waren erstmals die adligen, hochrangigen Plätze rechts des Parlamentspräsidenten lokalisiert, und links saß das Bürgertum. Als sich nach der Märzrevolution 1848 das erste deutsche Parlament in der Frankfurter Paulskirche zusammensetzte, nahmen die konservativen Monarchisten rechts und die Verfechter einer Republik links Platz. Eine absurde Pointe ist, dass links also die heute reaktionären bis rechtsradikalen Burschenschaften saßen.

Von all dem wollen die Besorgten nichts wissen. Für sie ist links, egal in welcher Ausprägung, ein rotes Tuch. Links ist der Name für das zweite Übel dieses Landes, neben allem, was mit Migration zu tun hat. Dabei wird die Beschimpfung links oder ▸linksversifft über alles ausgekübelt, was nicht im Gleichschritt mitspaziert. Den besorgten Bürgern gilt jeder als links, der nicht das ureigene Interesse des Nationalkörpers und seiner notwendigen Reinigung teilt. Der Linke ist das Feindbild schlechthin: degeneriert, dreckig, egoistisch und – wahrlich nicht zuletzt – naiv, weil er sich hat verführen lassen vom ▸US-amerikanischen Zuckerbrot. Im Prinzip ziehen die Besorgten einen Kreis um sich. Alles außerhalb ist links. Schließlich hat sich in diesem Denkzusammenhang die Mär festgesetzt, dass die ▸Antifa als »militärischer Arm« der Linken von ▸Altparteien finanziert wird. Im konkreten Umgang mit vermeintlich Linken ist ein folgenschwerer Fehler zu beobachten: Die Besorgten verwechseln angebliche Meinungsunterdrückung durch linksfaschistische Meinungsdiktatur (▸Diktatur, ▸Meinungsfreiheit) mit dem Umstand, dass viele Menschen ihnen einfach nicht zustimmen. [rf]

linksversifft

Lautmalerisch drückt dieses schöne Wort für unschöne Dinge alle Abscheu aus. Mit versifft können die Synonyme unsauber, verdreckt, speckig an expressiver Kraft nicht mithalten. Dass es wieder in den allgemeinen Sprachgebrauch gefunden hat, wäre begrüßenswert. Böte nicht der Kontext, in dem Siff als Phönix aus der Pisspottasche aufstieg, keinen Anlass zur Freude.

Die naheliegende Assoziation täuscht: Mit dem Siphon hat das Wort nichts zu tun, auch wenn man das, was sich im gekrümmten Rohr unterm Waschbecken ansammelt, mit Recht als Siff bezeichnen kann. Siff ist die vulgäre Abkürzung von Syphilis. Versifft meint also bildlich etwas Unreines, von Ungeziefer oder Krankheit Befallenes.

In den aktiven Wortschatz holte es Akif Pirinçci (▸Verschwulung) mit der zitierfähigen Zusammensetzung linksversifft zurück. Eine Trennschärfe ist schon bei diesem Autor nicht zu erkennen. Er lässt im Unklaren, ob jemand/etwas von linken Ideen beschmutzt oder infiziert wird oder ob das Wort auf linkes Ungeziefer oder Seuchenherde abzielt; wahrscheinlich ist vieles gemeint. Gerade durch diese Indifferenz eignet sich das Etikett für alles, was den Besorgten vor Ekel die Herpesbläschen anschwellen lässt.

Dass nicht nur ein Text klüger als sein Autor, sondern auch ein Wort seinem Schöpfer überlegen sein kann, wird hier astrein illustriert. Syphilis ist eine Geschlechtskrankheit, deren Name sich von einer antiken Sage ableitet: Eine Gotteslästerin verfällt einer fiesen unbekannten Krankheit. In linksversifft bricht sich folglich einmal mehr die sexualisierte Beklemmung Bahn (▸Gummimuschi), welche Gida-Gegendemonstranten mit dem Slogan »Besorgt es euch doch selbst!« so zielgenau-süffisant kontern. [tp]

Lügenpresse

Seit es so etwas wie Presse gibt, zirkuliert das Schlagwort. Genau genommen ist Lügenpresse eine Art Abwandlung älterer Schmähungen, die sich unter anderem Katholiken und Protestanten in Bezug auf Glaubensstreitigkeiten gegenseitig zuwarfen: Die dazu passenden Druckerzeugnisse hießen *Lügenblatt* oder *Lügenschrift*. Als Mitte des 19. Jahrhunderts eine vergleichsweise unabhängige und plurale Presse entstand, verbanden sich die beiden Nomen Lüge und Presse. Das neue Kompositum wurde vor allem von einer konservativ-katholischen Elite als pauschale Attacke gegen alle bürgerlichen Neuerungen in Stellung gebracht.

Seither flammt der aggressive Einwurf Lügenpresse immer wieder auf. Im Ersten Weltkrieg kam er schon zur Anwendung, um Enthüllungen über deutsche Kriegsverbrechen zu entkräften. Und selbstredend war Lügenpresse auch ein propagandistisches Mittel der Nationalsozialisten. Gerade vor der Machtergreifung stach die liberale Presse als derber Dorn im Auge der ▸völkischen Bewegung. Alfred Rosenberg etwa, einer der NSDAP-Chefideologen, sprach bereits 1921 von der »organisierten Lügenpresse der Regierungsparteien«.

Auffällige Parallelen. Gut möglich, dass einige Hardliner unter den Besorgten eine Wiederholung der Geschichte vermuten. Die Referenz jedenfalls ist deutlich: Die Parole »Lügenpresse«, in stoischer Regelmäßigkeit bei besorgten Anlässen intoniert, hat wenig mit ▸89 und viel mit der NSDAP zu tun. In Kombination mit dem unübersehbar völkischen Charakter werden die vermeintlichen Analogien zu 1989 als Feigenblatt für den aggressiven nationalistischen Kern sichtbar.

Dabei ist Lügenpresse, alternativ auch Lücken- oder Lynchpresse, einfältig und doppelbödig. Die Pauschalität des Wortes unterbindet eigentlich jeden positiven oder zustimmenden Bezug zu irgendeinem Druckerzeugnis – was besorgte Bürger allerdings nicht daran hindert, wann immer es ins Ressentiment passt, aus *FAZ*, *Welt* oder *Bild*, also aus den ▸Altmedien zu zitieren. Lügenpresse verunmöglicht jede halbwegs sachliche, doch so nötige Medienkritik und öffnet der Beliebigkeit Tür und Tor. Mit diesem schizophrenen Schlachtruf im Rücken lässt sich jede liebsame Behauptung halten und jede unliebsame einer Manipulationsmaschine unterstellen. Es nimmt daher nicht Wunder, dass mit Udo Ulfkotte ein ehemaliger *FAZ*-Redakteur und mittlerweile Prediger der Verschwörungsapokalypse mit *Gekaufte Journalisten* die Bibel dieses Glaubenszusammenhangs veröffentlichte. [rf]

Maasmännchen

Das Lächerlichmachen des Gegners gehört zum Geschäft der Politik. Mal geschieht es mehr, mal weniger stilvoll, wenn die jeweilige Opposition mit dämlichen Attributen, Bemerkungen über das Äußere etc. belegt wird. Im Besorgten-Universum tut sich ein Orkus ungeahnter Stilblüten auf, der schon an der altbackenen Liebe zum Akronym erkennbar ist. Pegida: Das ist so Achtziger.

Usus sind pennälerhafte Namenswortspiele, die mit Schenkelklopfen in den sozialen Medien geteilt werden. Der besorgte Disstrack braucht keine Argumente: Maasmännchen und Claudia Fatima Roth, Angela Mürkül, Mutter Terrorosia und Das Merkel, FastSonderschülerSigmar, Renate Kuhknast, Crystal Beck und Conchita-Kasek. Da wird die SPD zur ShariaParteiDeutschlands, Schutzsuchende werden zu ▸Rapefugees generalisiert und Frauke Petry lästert über die Pinocchio-Presse, um die verfänglichere ▸Lügenpresse zu umgehen. Als Bierdeckel-Köpping wurde die sächsische Integrationsministerin Petra Köpping (SPD) abgestempelt, weil sie auf Untersetzern falsche Gerüchte über Geflüchtete aufklären wollte. Ein AfD-Landtagsabgeordneter sah »nordkoreanische Verhältnisse« angebrochen und nannte sie »Kim-Jong-Ministerin«. [tp]

Mainstream

Ähnlich wie der Höfling bezieht der ▸Systemling seine Existenz daraus, sich zum Vorteilsgenuss an die Macht ranzuwanzen. Weil er ein Interesse am Machterhalt hat, unterstützt er das System nach Kräften, wird zur »links-grünen

Systemmarionette«. So ein Systemling ist also ein rückgratloser Charakter, den man gerne aus ganzem Herzen verachten darf, nicht nur aus moralischen Gründen. Schließlich hat ihn nicht seine Fachkompetenz nach oben gespült: »Jeder von euch ist ein besserer Politiker als diese Dauerversager«, beschwört ein Redner im März 2015 sein Leipziger Besorgtenpublikum. Zu den systemerhaltenden Emporkömmlingen zählten manche auch Bernd Lucke, bevor er der AfD den Rücken kehrte. Der Vorwurf: Seinetwegen werde die AfD den ▸Altparteien immer ähnlicher und Teil des Mainstreams.

Dem Systemling steht der freie Mensch gegenüber. Diesem macht es der Mainstream schwer, immerhin arbeitet ein ganzes journalistisch-politisches Kartell (▸GEZ) gegen ihn. Der Mainstream bildet ein Netz zwischen den Schlüsselstellen der Gesellschaft. Nur so kann er glaubhaft Meinungen unterdrücken, das Vordringen der ▸Wahrheit ans Licht verhindern und gar Wahlen fälschen. Björn Höcke ist nicht der einzige, der mangelnden Beifall für seine Worte mit Angst im Mainstream der Angepassten gleichsetzt: »Mittlerweile haben sich die Altmedien auf mich eingeschossen, weil sie spüren, dass es mir sehr ernst ist«, meinte er auf Facebook. Auch in seinem Oszillieren zwischen Opfermythos und Größenwahn ist Höcke nicht allein: Einerseits diktiert der Mainstream, was gesagt und gedacht werden darf, besitzt das Wahrheitsmonopol. Andererseits hat das System Angst vor dem »Widerstandsmilieu«, wie Götz Kubitschek es nennt. Der widerständige Geist ist kein toter Fisch, der mit dem Strom schwimmt. Er hinterfragt die Dinge (▸Aufwachen) und wehrt sich (▸Verteidigung).

»Meinungsdissidenten« (Frauke Petry) leben folglich in einer Diktatur des Mainstreams. Zensur und Abschaffung der Kunstfreiheit, wie die AfD in Sachsen-Anhalt fordert, dürften bei Umsetzung in eine echte Diktatur münden. Dann also, wenn die Besorgten an der Macht sind und bestimmen, was Mainstream ist und wer Systemling werden darf. [fr]

Manipulation

Um die Herrschaft zu erhalten, müssen die Eliten das Volk manipulieren. Von gezielten Lügen bis zur Verwendung von Steuermitteln für die ▸Antifa ist alles dabei in der besorgten Gerüchteküche. In den sozialen Medien werden hanebüchene Geschichten aufgetischt, je abgedrehter, desto höher die Glaubwürdigkeit. Nicht überraschend kam kürzlich eine

Beobachtungsstudie zu dem Ergebnis, dass eher Falschmeldungen Glauben schenkt, wer vorrangig vorgebliche Alternativmedien konsumiert. Die den Regierenden unterstellte Manipulation beherrschen die Besorgten selbst sehr gut.
Beliebtes Motiv ist der klauende Ausländer (▸Plünderung). Jemand kennt jemanden, der gehört haben will, dass jemand beobachtet hat, wie ▸Flüchtlinge dreist im Supermarkt klauen und die Verkäuferinnen nicht einschreiten. Laut Beobachter ist das Personal zum Stillhalten verdonnert, die Kommunen begleichen die Außenstände, Anzeigen gibt es nicht. Die *Sächsische Zeitung* erlaubte sich 2015, solchen Geschichten nachzugehen, und hat bei den Unternehmensleitungen der Geschäfte, die ins Zentrum gerückt waren, bei der Polizei und bei der Stadt Dresden nachgefragt. Keiner der Befragten konnte die Gerüchte auch nur im Ansatz bestätigen. Es darf bezweifelt werden, dass der Artikel zu ihrer Eindämmung beitrug. Apropos Polizei: Die Kriminalitätsstatistik ist auch nicht mehr, was sie einmal war (▸Statistik). Wenn keine exorbitant gestiegene Ausländerkriminalität verzeichnet ist – wie zu erwarten, wenn 2015 eine Million (oder wer weiß, wie viele wirklich) ins Land gekommen sind –, denkt der Besorgte nicht etwa, dass diese Ausländer vielleicht gar nicht solche Monster sind, wie angenommen. Nein, die Statistik muss geschönt sein und alle Beteiligten, vom Streifenpolizisten über die Staatsanwaltschaft bis zum Innenminister, wurden zum Klappehalten verdonnert. Dass alle über die ständigen Gesetzesbrüche tatsächlich schweigen, ist ebenfalls kein Ausweis für den Irrsinn dieser Verschwörungstheorie, sondern Bestätigung. Selbstverständlich gibt keiner zu, einen ▸Maulkorb bekommen zu haben. Er darf ja nichts sagen. [fr]

Männerhorden

Spätestens seit der sprichwörtlich gewordenen Silvesternacht von Köln 2015/2016 ist von Männerhorden die Rede, im Pegida-Superlativ von ▸Rapefugees. Verstörend sind die Vorkommnisse allemal – zuerst einmal die Sexualdelikte gegen die anwesenden Frauen, das Versagen der Ordnungsbehörden im Vorfeld wie im Nachhinein, die verspätete, dafür aber schnell umso hysterischere Medienberichterstattung und die Trittbrettfahrerinnen, die nie stattgefundene Straftaten anzeigten. 215 Tatverdächtige wurden ermittelt, die überwiegend aus Algerien und Marokko stammten. Stadt, Land und Bund schoben sich gegenseitig

die Verantwortung für die Eskalation zu. Während auf politischer und administrativer Ebene kosmetische Änderungen wie mehr Videoüberwachung vorgenommen wurden, sind die aggressiven Männerhorden zum Fanal der Asylpolitik geworden, das publizistische Wellen bis in den US-amerikanischen Wahlkampf schlug. Der Absatz von Pfefferspray und anderen frei verkäuflichen »Verteidigungsmitteln« stieg sprunghaft an, ebenso die Zahl der Anträge auf den Waffenschein.
Die deutlich veränderte Stimmung bot eine Hilfestellung für weitere Verschärfungen des Asylrechts, die intensiv diskutierte Einstufung der Maghrebländer als sichere Herkunftsstaaten und die Beschleunigung der Verfahren. Alle Maßnahmen sind extrem umstritten und nach Aussage des Deutschen Anwaltvereins in Teilen verfassungswidrig. Eine Änderung des Sexualstrafrechts, die bislang am Widerstand aus konservativen Kreisen gescheitert war, ließ sich im Nachgang der Kölner Silvesternacht zügig beschließen (▸deutsche Frau). Bis dahin dominierte bei der Vorstellung enthemmter, sexuell übergriffiger Männerhorden in Deutschland die Assoziation mit Karneval, Männertag, Oktoberfest und Junggesellenabschieden; jeweils wollte bislang niemand den Männern ihren »Spaß« mit einer Gesetzesnovelle verderben. Die migrantischen Männerhorden machten die Antiflüchtlingsrhetorik zum salonfähigen Massenphänomen. Die Motive der deutschen Männer, die sich selbst als starkes Beschützergeschlecht wiederentdeckten (▸Männlichkeit), sind trotz der Heldenpose niedere: Nicht das Begrapschen und Bedrängen der Frauen an sich ist problematisch, sondern dass es Migranten und/oder ▸Muslime waren. »Männerhorden müssen wieder deutsch werden!«, könnte die konsequente Folgerung aus der Debatte sein. [rs]

Männlichkeit

Im Unterhemd vorm Badspiegel beschwört Hagen Grell die deutschen Frauen. »Eure Männer«, so der YouTuber aus dem Mahnwachenumfeld vor einer mit grünem Handtuch behängten Duschkabine, »sind nur aus einem Grund passiv und schwach. Weil. Ihr. Es. So. Wollt.« Als »Hauskätzchen« hätte ihnen der Feminismus die Männlichkeit abdressiert. Dabei würde er, Grell, so gern die Frauen verteidigen: »Wir Männer nehmen einen Angreifer Körperteil für Körperteil auseinander, wenn es sein muss, und sind im Notfall bereit, bis zum letzten Atemzug zu kämpfen!«
Machoposen wie diese dienen der Selbstvergewisserung – darum

wird der politische Gegner auch infantilisiert und als verweichlicht dargestellt (▸Schreikinder). Je bedrohter und herausgeforderter sich der Mann fühlt, umso martialischer und gewaltgeiler wird seine Inszenierung. Der potenzielle Männlichkeitsverlust ist eine Urangst, die schon Besorgtenkreise früherer Generationen erschütterte (▸Gummimuschi). *Die neue Aesthetik der Impotenz. Ein Verwesungssymptom* nannte Komponist Hans Pfitzner sein 1920 erschienenes Manifest gegen die Neue Musik. Die Männlichkeit wird als von außen durch das Weibliche beziehungsweise Andere (▸Flüchtlingswelle) gefährdet erfahren; und durch sich selbst. Könnte sich nicht jederzeit homoerotisches Begehren ins Bewusstsein schieben? Darum muss sich der verunsicherte Mann an fixen Geschlechterrollenbildern und sexuellen Orientierungen als Normalität festhalten (▸Familie).

So pickte AfD-Rechtsverteidiger Björn Höcke aus den 150 Veranstaltungen zu den Hirschfeld-Tagen zielsicher den sexualpädagogischen – und lediglich vermuteten schwulen – Workshop »Anal verkehren« als Projektionsfläche heraus: »Das ist Bildungspolitik für'n Arsch.« Höcke erntete heftigen Applaus, als er im Göbbels-Ton zeterte, Deutschland und Europa hätten »ihre Männlichkeit verloren«. Diese müsse man wiederfinden, damit das Land »wehrhaft« werde.

Als Gegner der feministischen Kastration der Gesellschaft sehen sich auch die Maskulisten, die als in den USA längst virulentes Phänomen nach 2000 über den großen Teich schwappten. Sie sind vor allem im Netz umtriebig. Neben dem Agieren als Hasskommentarmob versuchen Maskulisten, in Foren zum Thema Väterrechte Meinungshoheit zu erlangen. Eine singuläre Geschichte wird zum allgemeinen Skandal aufgeblasen und sodann zum eigenen Betroffenheitskatalog übergeleitet. Dieser ist biologistisch geprägt. Männer würden systematisch strukturell benachteiligt durch Gleichstellungspolitik und ▸Genderwahn. Absurd ist die Klage, dass Frauen seltener Opfer von Gewalt werden, Männer also – »das ist Diskriminierung!« – in Schlägereien öfter von Männern aufs Maul bekommen.

Die virile Potenzangst greift weit übers Besorgtenlager hinaus. In seiner Dankesrede zum Schirrmacherpreis meinte der in dieser Hinsicht einschlägige Autor Michel Houellebecq, »die Rückkehr des Matriarchats« sei längst vollzogen – und zwar als »Staatsform«. Der »erste Feind, den unsere westliche Gesellschaft versucht auszurotten, ist das männliche Zeitalter, ist die Männlichkeit selbst«. [tp]

Mauer

Als doppeltes Symbol spukt die Mauer in den Besorgtenköpfen. Einerseits ist sie ihr Siegeszeichen, wähnen sie sich doch in der Traditionsfolge der Montagsdemonstranten, die mit zum Mauerfall beitrugen (▸ 89, ▸ Wende). Hier zeigt sich eine einfache Denke, die Komplexes wie den Zusammenbruch eines Staates nicht fassen kann. Pegida schreibt diesen allein den Menschen auf der Straße zu. Massendemonstration und Mauerfall sind aber nur im Kontext verstehbar: Ausreisewelle, Bürgerbewegung und Kirchen sowie westdeutscher Einfluss und maßgeblich der Gesamtkomplex der Ostblockstaaten 1989.

Zugleich ist die Mauer Heilssymbol. In ihrer später als satirisch umgemünzten Pegida-Rede sehnt Tatjana Festerling eine Mauer um Ostdeutschland herbei, die als antimondäner Schutzwall fungiert. Der Westen sei schon verloren, die neueren Bundesländer als separater Oststaat und eigentliches Deutschland durch baulich verstärkte Selbstisolation noch zu retten. Nach ihrem Rauswurf aus dem Pegida-Organisationsteam engagierte sich Festerling in der Initiative mit dem ganz unironischen Namen Festung Europa. Der wurde zuerst von links und von Menschenrechtsgruppen in kritischer Absicht gegen die asylfeindliche EU-Abschottungspolitik verwendet – also wieder eine Begriffsaneignung durch Besorgte. Die »Ströme« von Migranten (▸ Flüchtlingswelle) müssen dem Bild nach eingedämmt werden.

Den Traum vom Bollwerk nach außen (▸ Grenze) ergänzt die Wegsperridee im Inneren. Hinter Mauern und Gitter gehören der Vorstellung nach alle Kritiker wie Kriminelle – da wird zwischen Pädophilen, Politikern, Gegendemonstranten und Journalisten nicht groß unterschieden. Die zweifache Funktion, der Einschluss und Ausschluss, macht die Mauer so attraktiv. [tp]

Maulkorb

Die häufige Verwendung von Maulkorb in der Besorgtensprache ist geschwätzig. Die Akteure selbst spielen mit dem Begriff darauf an, dass böse Mächte – der böse, linksfaschistische Merkel-Staat mit seiner Meinungsdiktatur – ihnen und damit der ▸ Wahrheit den Mund verbieten. Man dürfe nicht über Asyl oder Einwanderung reden, behauptete etwa Pegida-Mitgründerin Kathrin Oertel bei Anne Will im Rahmen einer Sendung zu Asyl und Migration. Den besorgten Rednern und Schreibern entgeht offenbar, dass sie einem performativen Selbstwiderspruch aufsitzen: Sie sprechen frei und offen darüber, dass sie nicht frei und offen sprechen dürfen (▸Tabubruch). Weil Maulkörbe aber für Hunde gedacht sind, um deren Beißreflex zu unterbinden, wäre ihre Verwendung zu bestimmten Anlässen durchaus eine Überlegung wert. Das alte Sprichwort »Hunde, die bellen, beißen nicht« greift nicht für Besorgte. [rf]

Mausrutscher

Schuld war die Technik. Nachdem AfD-Politikerin Beatrix von Storch forderte, auf Flüchtlinge an den Grenzen zu schießen, ruderte sie zurück. Sie sei auf der Maus ausgerutscht. Zuvor hatte Parteichefin Frauke Petry erklärt, man müsse Migranten mit Waffengewalt am Grenzübertritt hindern. Als daraufhin Storch auf Facebook gefragt wurde, ob das auch für Frauen und Kindern gelte, antwortete sie mit »Ja«. Die daraufhin losbrechende öffentliche Empörung nötigte sie zur abstrusen Erklärung, beim Wegrutschen auf der Maus zwei Buchstaben unabsichtlich geschrieben, den Post abgesendet und stehen gelassen zu haben.
Mausrutscher ist kein Sprech der Besorgten, sondern stammt von deren Kritikern. Er fasst aber die Taktik des kalkulierten ▸Tabubruchs pointiert: Man haut eine Aussage raus, dann soll sie von Medien und politischen Gegnern falsch interpretiert und missverstanden worden sein. Und wenn gar nichts mehr hilft, war es eben die Technik. Mit einem Mausrutscher verteidigte sich auch die rechtskonservative Publizistin Vera Lengsfeld. Auf den Terroranschlag am Brüsseler Flughafen im März 2016 verschickte sie einen Facebook-Post mit dem Inhalt, Angela Merkel hätte »alles dafür getan, dass der Terror in Europa Fuß fassen kann« (▸Danke, Merkel!). Sie rechtfertigte sich damit, nur einen Zeitungslink geteilt und dabei »aus Versehen« den Text einer anderen Kommentatorin mitverschickt zu haben. Dass das technisch gesehen Bullshit ist, störte sie nicht. [tp]

Meinungsfreiheit

Meinungsfreiheit ist eines der höchsten Güter einer aufgeklärten, demokratischen Welt und die Besorgten sorgen sich nicht zuletzt um sie. Merkels »Wahrheitsministerium« (Tatjana Festerling), die Mainstream-Medien und das ideologische Schwert der ▸Political Correctness rücken ihr scheinbar mächtig auf den Pelz. Der Umstand allerdings, dass besorgt-bürgerliche Lageeinschätzungen fast flächendeckend verbreitet und verarbeitet wurden und dass die sozialen Me-

dien vor entsprechenden Einträgen, Videos und Kommentaren aus allen Nähten platzen, fällt geflissen unter den Tisch. Die Schizophrenie zeigt sich in aller Deutlichkeit, wenn Gida oder AfD die unzweifelhaft nötige Medienkritik allzu gern in stumpfes Lügenpressegeheul überführen und unkritisch auf Artikel aus eben jenen Medien verweisen. Diese Flexibilität deutet an, dass die Besorgten weniger um die ▸Freiheit der Meinung fürchten, sondern – ganz im Gegenteil – eine eingefärbte Deutung der Lage platzieren wollen: Statt Meinungsvielfalt soll ausschließlich ihre Position als ▸Wahrheit publiziert werden. Die Angriffe auf Staat und Medien verfolgen das Ziel, die Vielheit an Perspektiven für die eigene Deutungshoheit mundtot zu machen.
Unabsichtlich schließen sie damit an eine alte philosophische Debatte an und geben Platon Recht. Dieser hatte die Meinung (*doxa*) schroff von wahrer Erkenntnis (*episteme*), also von begründeten Anschauungen unterschieden. Die Doxa sei Folge unreflektierter Weltanschauung. Nun ist Platon nicht eben der letzte Schrei der Philosophie. Dass Meinung allerdings doppelbödig ist, weil sie keiner plausiblen Begründung, keiner intelligiblen Anschauung bedarf, ist durchaus zeitgemäß. Sie steht wie ein Fels und unterläuft bisweilen alle Muster des Argumentierens. Mit ihr ist es möglich, noch den größten Unsinn zu behaupten und alle sachlichen Einwände mit dem Verweis auf die subjektive Sprecherposition, auf die irreduzible Kraft des Meinens wegzuwischen. Wer den Versuch unternommen haben sollte, am besorgten Stammtisch zu debattieren, kennt die rhetorischen Figuren. Am Ende steht die angeblich ideologische Indoktrination durch die Lügenpresse. Kurz: Der Ruf nach Meinungsfreiheit verkehrt sich im besorgten Denken ins Gegenteil, weil mit ihm eine ganz spezifische Meinung durchgeboxt werden soll. Nicht zuzustimmen, gilt schon als Meinungsdiktat. [rf]

Merkeldiktatur

▸Diktatur

Merkeljugend

»Umerziehung im Endstadium – Antifanten sind inoffizielle Merkel-Jugend« titelte das nicht für Spaß und Satire bekannte *Compact*-Magazin Anfang 2016. Man muss es betonen: Das ist ernst gemeint. Mit Merkeljugend bezeichnen Besorgte alle jüngeren Menschen, die sich weder vor

Ficki-Ficki-Fachkräften fürchten (▸ Fachkräfte), noch den Volkstod beweinen. Die Merkeldiktatur habe die Jugend gleichgeschaltet und gefügig gemacht. Und gerade darin sind dann alle gleich, von den Jusos über den RCDS bis zur ▸ Antifa. Im Ergebnis könne man eine »vom Staat und den Medien getragene, zunächst schleichende und dann immer stärker werdende, jahrzehntelange antipatriotische Umerziehung der Deutschen« erkennen. »In dieser obersten inoffiziellen Staatsdoktrin des Merkel-Regimes wird jede Form der emotionalen Verbundenheit mit Deutschland, verdeckt oder offen heraus, angegriffen«, erklärt der Artikel. Vermutlich begann dieser Prozess mit dem »Sommermärchen«, der Fußball-WM im eigenen Land und dem ausgerufenen Partypatriotismus ...

Die begriffliche Analogie zur Hitlerjugend ist selbstredend Absicht. Zur hiesigen Welt der linksfaschistischen Merkel-Diktatur gehöre eine entsprechende Jugendorganisation, während das Reich der nationalistisch-reinrassigen, deutsch-patriotischen Freiheit noch auf sich warten lässt. [rf]

Minderheitenterror

Zugegeben: ▸ Political Correctness kann bizarre Auswüchse annehmen und nervt von Zeit zu Zeit. Das Problem könnte darin liegen, dass die Idee völlig korrekten Sprechens und Verhaltens übers Ziel hinausschießt, weil damit verspielte Sprachfunktionen oder (Selbst-)Ironie und Sarkasmus schwierig werden. Was allerdings die angestrebte Gleichberechtigung vielfältiger unterschiedlicher Lebenskonzepte mit jenem Minderheitenterror zu tun hat, von dem besorgte Bürger in diesem Zusammenhang sprechen, bleibt erklärungsbedürftig. Von den Rednerbühnen und aus den Kommentarspalten jedenfalls schallt beständig dieser Sound, wenn von Homoehe, Religionsfreiheit oder Transgender die Rede ist. In einer erstaunlichen Umkehrung der Zustände nehmen Besorgt-Bürgerliche an, dass die Advokaten der Vielheit ihnen eine »Minderheitenmeinung« in terroristischer Manier aufzwingen.

Nicht nur das Wort ▸ Terror will in diesem Zusammenhang nichts mehr bedeuten, weil noch keine schwul-lesbische Initiative zur Propaganda der Tat übergegangen ist. Mit einer atemberaubenden Volte verklären sich die Besorgten im Moment ihrer freien Meinungsäußerung als mit einem Sprechverbot belegt. »Wir wollen keine linksextreme gewalttätige Minderheit, die der Mehrheitsgesellschaft vorschreibt, wie sie zu denken, zu handeln und was sie zu zahlen hat«, beschrieb Tatjana Festerling polternd die virulente Terrorgefahr. Belegstellen, wo und wie »Linksextreme«, »Schwuchteln« oder welche Minderheit auch immer das Zepter schwingen und dem Rest ihr promiskuitives Leben quasi rektal oktroyieren, bleibt sie schuldig. Stattdessen folgt ihr als Redner ein vorbestrafter Ex-Dealer, der den Unterhalt für sein Kind nicht zahlen will. Er spricht zu Leuten, deren moralische Integrität – am eigenen Maßstab orientiert – im Durchschnitt ähnlich solide sein dürfte wie jene der katholischen Kirche. [rf]

Mitte So wie Odysseus die goldene Mitte zwischen den mörderischen Seeungeheuern Skylla und Charybdis durchschiffen musste, sucht der Mensch in vielen Gebieten sein Heil in der Mitte. Maßhalten gilt seit Aristoteles als tugendhaft. Ebenso bestimmt das Mittemotiv die Vorstellung der bürgerlichen Gesellschaft, so dass noch das wackligste Modell der Extremismustheorie plausibel erscheint (▸ Extremismus).

Auch in der Politik gilt die Mitte als etwas Gutes, weil sie irgendwie Ausgeglichenheit suggeriert, für manche sogar Neutralität ausdrückt. Hier ist man gern dabei. Deswegen bezeichnete sich die CDU immer schon als Vertreterin der Mitte – nicht grundlos hieß eine CDU-Wurzel Deutsche Zentrumspartei. Der SPD-Schwenk zur Partei der »neuen Mitte« ist keineswegs eine Erfindung von Gerhard Schröder. Schon 1972 beschwor Willy Brandt diese im Wahlkampf. Franz Joseph Strauß hielt ihm im Jahr darauf entgegen: »Die neue Mitte, die Sie darstellen wollen, gibt es gar nicht. Entweder es ist die alte Mitte – dann ist es auch die neue Mitte – oder es ist keine Mitte.« »Die neue Mitte ist was für den kleinen Mann«, konstatierte der damalige SPD-Geschäftsführer: »Da kann sich jeder was reindenken.« Das trifft es, denn was genau diese Mitte ausmachen soll, ist unklar. Die Mittelschicht als Einkommensklasse ist jedenfalls nicht gemeint. Häufig genannte gemeinsam vertretene ▸ Werte der Bürger in der Mitte können es auch nicht sein, denn die Behauptung hält genauerer Analyse nicht Stand, wie viele Untersuchungen der vergangenen Jahre etwa zu Rassismus, Antisemitismus und autoritärem Charakter gezeigt haben. Solche Einstellungen finden sich schließlich nicht nur am so gedachten rechten Rand.

Weil die Mitte inhaltlich leer, aber schönes Etikett ist, wundert es nicht, dass sich auch die Besorgten in der Mitte wähnen. Immerhin klingen hier Versprechen von Mehrheit und ▸Volk an. »Nicht rechts, nicht links«, lautet eine oft gehörte Selbstbeschreibung aus besorgten Reihen. Das Label diente schon bei den sogenannten Montagsmahnwachen anno 2014 als eigene politische Standortbestimmung. Folgerichtig erklärt auch die AfD in ihrer Selbstdarstellung, ganz normale ▸Bürger zu sein: »Wir sind nicht rechts und nicht links, sondern kommen aus der Mitte der Gesellschaft.« [tp]

Multikulti In kaum mehr vorstellbarer Einigkeit erklärten Angela Merkel (CDU) und Horst Seehofer (CSU) Multikulti 2010 für »gescheitert« beziehungsweise »tot«. Mittlerweile sekundiert eher AfD-Prominenz, wenn Seehofer und seine Parteifreunde in Variationen zum Besten geben, was sie für totes Multikulti halten. Das Unbehagen konservativer Kreise am Multikultikonzept fußt auf einem prinzipiellen Missverständnis und binärem Denken: Ebenso wenig wie ▸Integration die Unterwerfung des Anderen bedeutet, heißt Multikulti die Unterwerfung der Alteingesessenen. »Kulturelle Relativierung und Selbstpreisgabe«, vermutet Politikwissenschaftler Heinrich Oberreuther (CSU) als potenzielle Folgen von Zuwanderung. Vor »Multikulti-Umerziehung«, zunächst ein Schlagwort auf rechtsradikalen Internetportalen, warnt die AfD; besorgte Kreise vermuten darin mitunter eine Verschwörung zur verordneten Verwestlichung.
Bereits im 18. Jahrhundert formulierte der irische Brite Edmund Burke, der als »Vater des Konservativismus« nicht zum Vorreiter links-grün-versifften Denkens taugt, die Notwendigkeit, dass nicht die Inder britischer werden, sondern die Briten ihren geistigen Horizont erweitern müssten. Der kanadische Politikwissenschaftler James Tully, der das Konzept des Multikulturalismus entwickelte, verstand darunter vor allem die Bereitschaft zum Zuhören in einer antiimperialen Demokratie. Von Unterwerfung, Relativierung, Selbstpreisgabe ist dort nicht die Rede, sondern von gegenseitigem Respekt, Gleichberechtigung und kultureller Selbstbestimmung. Auch der bekannteste Vordenker des Multikulturalismus, Charles Taylor, war Kanadier und lehnte sowohl einen Staat ab, der eine einzelne Kultur fördert, als auch einen Staat, der sich neutral verhält und keine Normen setzt. Beide kanadischen Theoretiker waren inspiriert von der Nicht-Assimilierbarkeit und den separatistischen Bestrebungen der frankophonen

Quebecer sowie von den »first nations« und ihrem Einfluss auf die Entstehung des kanadischen Gemein- und Staatswesens. Sie lassen jeweils zahlreiche Fragen offen, wie das konkrete Zusammenleben funktionieren könne, verwerfen aber kulturelle Überheblichkeit und Vorstellungen einer Homogenisierung durch Erziehung als praxisuntauglich und kontraproduktiv, da der erforderliche Druck Reibung und Gegenbewegungen erzeuge.

Vor allem die individuelle Unfähigkeit, mit Differenzen umzugehen, führt erwiesenermaßen zu zwischenmenschlichen, sozialen und kommunikativen Problemen, die eskalieren können. Der Bezug auf Kultur und Religion macht aus Nachbarschaftsstreitereien und Missverständnissen »kulturelle« oder »religiöse« Konflikte – anhand vermeintlicher Differenzen wird der eigene Standpunkt begründet und der andere diskreditiert. Über diesen Gartenzäunen scheitert Multikulti tatsächlich regelmäßig, da es für keine Seite das Recht zum Rechthaben beinhaltet, sondern die Bereitschaft zum Zuhören voraussetzt. [rs]

Muslim Aufgrund der zentralen Stellung des Islams im Besorgtendenken als *der* abzuwendenden Bedrohung des ▸Abendlands erlebt die negative Bezugnahme auf den Muslim oder »Muselmann« unerreichte Spitzenwerte auf der Verteufelungsskala. Über das Feindbild ▸Islam und dessen stereotype Darstellung wurden Regalmeter an Büchern und Aufsätzen verfasst. Verhaftet im Freund-Feind-Schema erfüllt der Muslim die Funktion der Selbstbestätigung und Versicherung durch Verunsicherung.

So gerinnt er zum sprachlichen Zeichen für alles, was man selbst als ablehnenswert, unterlegen, unethisch und hässlich versteht und verweist lediglich durch seine ursprüngliche Wortbedeutung auf einen Anhänger des Islams, ist aber ansonsten nur mehr Schlüsselreiz, um individuell sehr verschiedene, diffuse und widersprüchliche Ängste und Feindbilder zu evozieren. Hieraus ergibt sich eine Kriegsrhetorik, die keine vermittelnden oder gemeinsamen Positionen mehr zu erkennen in der Lage ist, sondern einzig den Kampf gegen und die Abwehr von den entmenschlichten ▸Männerhorden zulässt. [rs]

Nation Seit Benedict Andersons einschlägigem Werk *Die Erfindung der Nation* reifte die Einsicht, dass Nationen keine natürlichen Wesen sind. Zarte Anfänge nationaler Denkmuster finden sich zunächst im 16. Jahrhundert, nachdem der Buchdruck die Entwicklung einer einheitlichen Schriftsprache in vergleichsweise großen Territorien zur Notwendigkeit machte. Solange jedes Dorf anders sprach und schrieb, waren den Druckereien die Hände gebunden. Vor allem diese Neuerung stiftete einen einheitlichen Sprachraum. Luthers Bibelübersetzung stand für diesen Prozess Modell. Zugleich wurde es möglich, durch auf Buchseiten gedruckte Erzählungen einen gemeinsamen Erinnerungs- und Vorstellungsraum zu imaginieren. In Kombination mit einer erodierenden Integrationskraft der großen religiösen Erzählung (und einiger weiterer Einflüsse) etablierte sich bis ins 18. Jahrhundert langsam, im 19. mit voller Wucht die Vorstellung, dass Menschen immer schon in Nationen sortiert gewesen seien, nur noch nicht zu sich gefunden hätten.

Diese neue Aufteilung der Welt in Nationen ging eine wahrlich unheilige Allianz mit biologistischen Versatzstücken und Rassismen ein, getragen von der – vor allem in Deutschland prominenten – falschen Annahme, die Nation sei eine Art Blutabstammungs- oder größeres Verwandtschaftsverhältnis (▸Volk). Das immer schon vielfältige und unstete gesellschaftliche Durcheinander wurde zu einer Zugehörigkeit durch Blut und Geburt umgedeutet, was unweigerlich brutale Ausschlüsse mit sich brachte und bringt. Wohin der Gedanke führt, dass eine Nation reingehalten werden muss, haben die Nationalsozialisten vorgeführt. Sie sind die logische Konsequenz eines biologisch-nationalen Denkmusters, das zudem mit einem missverstandenen Charles Darwin hantierte.

In der zweiten Hälfte des 20. Jahrhunderts schien sich die Idee einer Kulturnation durchzusetzen, mit der das Blut umgangen werden sollte, ohne den Nationalstolz fahren lassen zu müssen. Das bleibt gefährlich, weil damit weiterhin falsche Ausschlüsse und ein irrationaler Stolz befördert werden. Die Welt in nationale Einheiten aufzuteilen, war seit jeher der tatsächlichen Heterogenität unangemessen und erscheint im Zuge der Globalisierung als leider immer noch einflussreicher Treppenwitz.

Die Besorgten schließlich greifen unverhohlen auf ein Bild von Nation zurück, das mit dem Epochenjahr 1945 als hoffentlich erledigt galt. Mit ihrem Verständnis von ▸Volk fügen sie erneut Blut, Boden und Nation zusammen. So sprechen sie auf den Gida-Bühnen von der »Liebe zum Vaterland und zu dem, was die Söhne und Töchter der Nation«

geschaffen hätten oder umgekehrt von einer »gezielten Schwächung des deutschen Blutes« durch Migration. Nebenbei sei bemerkt, dass mittlerweile auch Leute wie Horst Seehofer (CSU) diese Tonlage bedienen. [rf]

Nazi Nazi wurde einstmals als Kosename für Ignaz und abwertend für eine »einfältige, törichte Person« verwendet. Wahrscheinlich hat das aber niemand auf dem Schirm. Auch nicht jene Klientel, die gegenwärtig beinahe alles um sie herum als Nazi deklariert: »Die Nazis von heute sind nun nicht mehr braun. Sie tragen die Farben der Regierungsparteien« (Tatjana Festerling).

Der Journalist Konrad Heiden soll der Legende zufolge den Begriff irgendwann in den 1920ern auf die Nationalsozialisten angewendet haben – wohl wissend, dass im Wort eine Abwertung steckt. Ob Kosename oder nicht, der Rest ist Grundschulwissen: Der Begriff umschreibt einen Menschen mit bekennend rassistischem, antisemitischem Weltbild, der Hitler verehrt.

Weil aber die besorgten Bürger, ganz im Sinne der Extremismusdoktrin, sich als bürgerlich und demokratisch (▸Demokratie, ▸Extremismus) verstehen, sind Nazis immer die anderen. Egal wie robust völkisch, wie durchtränkt rassistisch und wie deutschlandfixiert die Akteure auch sind – der Verweis auf ihre bürgerliche Herkunft immunisiere gegen nazistisches Gedankengut, wie Kurt Biedenkopf einst als sächsischer Ministerpräsident bekräftigte. Damit wird der Begriff Nazi aller Inhalte enthoben und zur Umschrift für den bösen Anderen. Dann kann die Regierung Nazi sein, genauso wie Gegendemonstranten, kritische Journalisten oder Linke. Weil sie sich für die Guten halten (wie die alten Nazis vermutlich auch) und die anderen die Bösen sind, schleudern die Besorgten diesen historisch konkret besetzten Begriff wutschnaubend allen ins Gesicht, die ihnen nicht passen. Ein moralischer Befreiungsschlag abseits jeder Logik.

Hermann Gremliza hat die Sache schön auf den Punkt gebracht: »Nazi bedeutet (...) naturgemäß nicht Mitglied der NSDAP, der SS oder SA, sondern bezeichnet als würzendes Kürzel Volksgenossinnen und Volksgenossen, denen Menschen anderer Herkunft, Hautfarbe, Sprache, politischer oder sexueller Orientierung solche ▸Angst machen, dass sie sich zu einem Verhalten animiert und in ihrer Eigenschaft als Deutsche auch legitimiert fühlen, wie es den Altvorderen, dem netten

Opa und der lieben Oma, in den Jahren 1933ff. eigen war. Wer damals in ▸Sorge um Arbeitsplatz und Häusle ›Juda verrecke‹ rief, ruft heute zum Verbrennen und Totschießen von Flüchtlingen mit Mann und Maus, Weib und Kind.« [rf]

Nazikeule

Die Nazikeule ist ein doppelt imaginiertes Schlagwerkzeug. Als buchstäbliche Kampfvokabel dichten es die Besorgten allen Kritikern an; zumindest all jenen, welche die reichlich vorhandenen Verbindungslinien besorgten Denkens zu völkisch-nationalem und faschistischem Denken offenlegen. Statt Kritik oder Argumente vorzutragen, würden bevorzugt ▸Gutmenschen permanent und pauschal die entsprechende Keule schwingen, um mit ihr die ▸Wahrheit zu zerschlagen und alle Argumente mit der angenommenen Nähe zu Nazis zu delegitimieren. Die hier versammelten Texte sind so gesehen alles kleine Keulen.
Praktisch jedoch schwingen nur besorgte Bürger selbst die Nazikeule. Jedenfalls taucht das Wort ausschließlich im Kontext von Versuchen auf, Einwände gegen die besorgte Haltung abzuwehren. Wer nicht in den nationalen Taumel einstimmt und sich erdreistet, Kritik zu formulieren, auf Widersprüche aufmerksam zu machen oder das ideologische Fundament besorgter Argumentationsfiguren aufzudecken, dem wird die Keule angedichtet. Damit befinden sich die Besorgten in einer atemberaubenden Abstraktion dritter Ordnung: Sie schwingen die eh schon metaphorische Nazikeule, indem sie diese ihre Kritiker schwingen lassen. Das gleicht dem Choleriker, der mit wütender Stimme schreit, dass er sich niemals erregen lasse. [rf]

Neger

Das abwertende Wort Neger geht auf lateinisch *niger* oder spanisch/portugiesisch *negro* zurück und bezeichnete seit dem 17. Jahrhundert zunächst allgemein Menschen aus Afrika. Da in dieser Zeit der Kontakt zu ▸Afrikanern größtenteils Sklaverei bedeutete, galt der Begriff von Anfang an als negativ. Dem »weißen, intelligenten und zivilisierten Norden« wurde das »wilde einfältige Schwarzafrika« gegenübergestellt. In der weiteren Wortgeschichte verweist Neger zunehmend auf rassistische Stereotype zu Schwarzen, die sich teilweise bis heute erhalten haben: Lange Schwänze, Promiskuität, Wildheit, Rhythmusgefühl, langes Fersenbein, um nur einige zu nennen – weiße, teils neidische Projektionen. Auch Mohr – erst auf

Menschen aus Nordafrika und dem Nahen Osten bezogen, später allgemein auf Schwarze – ist diskriminierend, genauso wie die aus dem Englischen übernommene Beleidigung Nigger oder Bezeichnungen wie Farbiger und Brauner. In besorgten bis neurechten Kreisen ist herablassend auch von Maximalpigmentierten die Rede, was ▸Political Correctness ironisiert.

Zu einem Umdenken in der Wortverwendung kam es in Westdeutschland erst in den 1970ern mit Bezug auf die schwarze Bürgerrechtsbewegung in den USA; in der DDR deutlich später. Da Deutschland noch immer ein Weißbrotland ist, muss der Umgang mit Minderheitenbezeichnungen umso feinfühliger sein. Es ist nicht das Recht der Mehrheit zu entscheiden, welches Wort okay oder passend ist – selbst wenn in US-amerikanischen Ghettos Nigger von Schwarzen selbst performativ umgedeutet wurde. Unsicherheiten lassen sich schnell beheben: Sollte es unbedingt nötig sein, die Hautfarbe zu erwähnen – meist reichen andere Register wie »der Typ mit dem schicken Pulli« –, kann man auf die Eigenbezeichnung zurückgreifen. Schwarze Menschen bezeichnen sich in Deutschland selbst als Schwarze. Wichtig für den Abbau gesellschaftlich verankerter Rassismen sind zum Beispiel die Umbenennung der Negerküsse in Schokoküsse und die Verbannung des Sarottimohrs mit seiner »arabisch-orientalischen« Kleidung (▸Zigeunerschnitzel).

Im Spätsommer 2016 ließen sich Anwohner in Bautzen nach gewalttätigen Auseinandersetzungen zwischen 20 minderjährigen unbegleiteten Flüchtlingen und 80 Neonazis über die aus, die schon da sind: »Wir werden auch nicht gewalttätig, wir bleiben auch sachlich. Aber es kann doch nicht sein, dass die ganzen Neger hier sind. Ich sage mal wirklich, Neger, die hier da sind. Wir haben garantiert nichts gegen Leute, die hier ihren Kebab verkaufen, ihren Scheiß haben, ihre Baguetteria, ihr Bistro oder irgendwas.« Man sei doch kein Nazi, aber wenn »die Merkel« diese ganzen »Neger« ins Land hole, werde man sich wohl aufregen dürfen. Dass hier mal eben alle nichtweißen Menschen in einen Topf geworfen werden, zeigt deutlich, wie wichtig die falsche Differenzierung nach Hautfarbe (weiß vs. anders) und wie pauschal die Kategorisierung (wir vs. die Anderen) ist.

Und selbst wenn es vielleicht gar nicht böse gemeint ist, bleibt die Wortwahl rassistisch, weil sie Menschen anhand ihrer Hautfarbe kategorisiert und alle anderen Eigenschaften dahinter zurückfallen. Joachim Herrmann (CSU) wurde völlig zu Recht kritisiert, als er meinte, Roberto Blanco sei immer ein »wunderbarer Neger« gewesen. Von Weißen würde niemand so sprechen. [ng]

passdeutsch »Von den Türkischstämmigen, die schon lange in Deutschland leben, erwarten wir, dass sie ein hohes Maß an Loyalität zu unserem Land entwickeln.« Mit einem Satz drückt Angela Merkel nicht nur ihre eigenen Schwierigkeiten mit der Staatsbürgerschaftsdefinition aus. Selbst wenn Menschen einen deutschen Pass haben, vielleicht sogar in Deutschland geboren wurden, bestimmt sie die Bundskanzlerin über das Fremde ihrer Herkunft oder der ihrer Eltern und Großeltern. Und wen meint sie mit »wir«? Die richtigen, echten Deutschen?

Rechte Kreise haben für Staatsbürger mit Migrationshintergrund die abwertende Bezeichnung passdeutsch erfunden. Sie mögen dem Gesetz, aber nicht ihrem Wesen nach deutsch sein. Zum über Abstammung gewachsenen ▸Volk gehören sie keinesfalls. Als sich herausstellte, dass der Attentäter vom Münchner Olympia-Shopping-Center kein Nichtdeutscher war, verstummten die Kommentare nur kurz. Der 18-Jährige, der im Sommer 2016 neun Passanten und sich selbst tötete, wähnte sich als Arier, hasste Türken und Araber, glorifizierte den rechten Terroristen Anders Breivik und war stolz, am selben Tag wie Hitler Geburtstag zu haben. Weil der in Deutschland geborene und aufgewachsene Täter die deutsche und die iranische Staatsbürgerschaft besaß, sahen sich die besorgten Kommentatoren schnell wieder bestärkt. Das sei nur ein Passdeutscher gewesen, weshalb sie ihn als Ausländerstraftäter verbuchten. [tp]

Patriotismus Ihre Begehren und Verlustängste inszenieren die Besorgten als Verfassungspatriotismus. Im Gegensatz zu gewöhnlichen Patrioten, die Nationalstolz und Vaterlandsliebe nach kulturellen, politischen, historischen und/oder ethnischen Kriterien ausrichten, gerieren sich diese als Verfechter von (übernationalen) ethischen und politischen Grundwerten und -rechten. Dies zeigt sich daran, wie leicht Gidisten das Attribut europäisch zu Patriot von der Zunge geht. Auch bei der AfD betont man, die ▸christlich-jüdische Tradition zu verteidigen, und meint damit die Art und Weise, wie ▸Freiheit, ▸Demokratie und Recht das Grundgesetz prägen.

Aber Patriotismus bleibt Patriotismus, schließlich stammt das Wort von *pater* (lateinisch Vater) und schleppt beständig die Verwechslung von Gesellschaft und (biologischer) Familie mit sich. Besonders in Deutschland ist er der nur scheinbar harmlosere kleine Bruder des Nationalismus, dessen chauvinistische und rassistische Kontur schwer zu übersehen ist. Das eine ist die kulturelle, politische und historische Rutschbahn zum anderen. Denn neben den durchaus praktischen demokratischen Grundwerten gibt es auch noch diese Kleinigkeit mit der völkischen Definition der deutschen ▸ Nation. Bis 1990 galt nahezu ausnahmslos, dass einen deutschen Pass nur haben oder erhalten konnte, wer ethnisch und kulturell dem deutschen Volk nach dem »Stande des Deutschen Reiches vom 31. Dezember 1937« zugehörig war. Das sogenannte *ius sanguinis* (Abstammungsrecht) stellt bis heute den Kern des deutschen Staatsbürgerschaftsrechts (▸ Rasse). Attributspatriotismen in Deutschland schlagen immer noch schnell in völkischen Nationalismus um. Das lässt sich beim Partypatriotismus der Fußballfanmeilen beobachten, erst recht beim Besorgtenpatriotismus. Björn Höcke (AfD) hat dies treffend zusammengefasst. Er will eine »Gemeinschaft von selbstbewussten Patrioten« schaffen, die »das Beste aus liberalen, sozialen und konservativen Traditionen zum Nutzen unseres Volkes und Landes zusammenzuführen«. Kurz: »3.000 Jahre Europa! 1.000 Jahre Deutschland!« [mr]

Plünderung »Alle, die mit uns auf Kaperfahrt fahren, müssen Männer mit Bärten sein«: Aufs germanisch-nordische Ahnenerbe lassen Nazis nichts kommen. Im Zweifelsfall gelten Raubzüge, die frühere Bewohner Nordeuropas auch mal an den Tag legten, als Landesverteidigung gegen römische Imperialisten oder christlich-missionierende Kulturfremde. Die Angst vor Plünderung muss tief sitzen, nimmt man die Zahl der Gerüchte über Diebstahl und Zerstörung durch Flüchtlinge zum Maßstab, die in den sozialen Netzwerken gestreut werden. Supermärkte und Behörden sahen sich vielfach zu Dementis genötigt: Weder hätten Plünderungen stattgefunden, noch existierten Freifahrtscheine für Ladendiebe, bei denen der Staat die Läden entschädigt. ▸ Fakten kommen gegen die Macht des Gefühls nicht an, selbst die tägliche Entführung von Kindern halten einige für eine glaubhaft besorgniserregende Wahrheit. Wenn tatsächlich Flüchtlinge kriminell werden – sind ja auch nur

Menschen –, fühlen sich jene, die es schon immer wussten, in ihrem Ressentiment bestärkt.
Das allgegenwärtige Plünderungsszenario rechtfertigt Selbstjustiz: Im sächsischen Arnsdorf schlugen vier Männer einer ▸Bürgerwehr einen psychisch kranken Iraker und fesselten ihn mit Kabelbindern an einen Baum. Der Filialleiter eines Berliner Supermarkts prügelte – so der polizeiliche Ermittlungsstand bis zur Buchdrucklegung – einen moldawischen Ladendieb zu Tode. Darüber hinaus haben Besorgte die Plünderung zweiter Ordnung ausgemacht: Auch den Wohlfahrtsstaat würden die Fremden ausnehmen. Zumutungen wie Hartz IV und Suppenküchenstaat seien nur für Deutsche da.
»Wie die Vandalen« ist die Standardbeschreibung für das Benehmen und »Hausen« Geflüchteter. Der braune Esoterikschuppen namens *Kopp-Verlag* attestiert sogar einen »Vandalismus der Merkel-Gabriel-Regierung«. Ziemlich lustig, denn die Vandalen waren ein germanischer Stamm, der in der großen Migrationsbewegung namens Völkerwanderung wie viele andere um die Häuser zog. [tp]

Plüschpimmel

▸Gummimuschi

Political Correctness

Man wird ja wohl noch sagen dürfen ... Natürlich darf man, wir bitten sogar darum. Seit Thilo Sarrazin davon fantasierte, dass sich Deutschland abschafft, hat diese sprachliche Empörungsgeste Konjunktur. Sie kündigt an: »Achtung! Jetzt kommt was ganz dolle Tabuisiertes!« Im Allgemeinen folgt so etwas wie, dass jeder eingewanderte ▸Afrikaner zwanzig Verwandte nachholt, Moslems dümmer sind als Christen, es schon immer ▸Zigeunerschnitzel hieß oder die BRD eine Firma ist (▸Deutschland GmbH). Solche und andere Dinge darf man sagen. Und man darf sich wundern, wenn die Gesprächspartner kopfschüttelnd weggehen oder vor Lachen im Staub liegen. Wer Unsinn behauptet, ist noch längst nicht Opfer von ▸Maulkorb und Political Correctness. Denn wer seine Rede als eigentlich verboten rahmt, will tatsächlich etwas aussprechen, was keinen Mut erfordert. Er weiß, dass er nichts Verbotenes tut und keine Sanktion zu erwarten hat. Die Empörungsgeste soll andeuten, dass wir alle mit Sprech- und Denkverboten belegt seien und Opfer von linker Gehirnwäsche. Man könne froh sein, wenn Comedy, Filme oder Songtexte sich »noch trauen, herzerfrischend politisch inkorrekt« zu sein. Das Gerede von ▸Tabu oder Verbot verleiht noch der dämlichsten Behauptung einen falschen Hauch von ▸Wahrheit.

Die Idee der politischen Korrektheit stammt aus der Bürgerrechtsbewegung der USA. Sie ist also etwa so alt wie manche Führungsfigur bei AfD und Gida. Damals ging es darum, systematische Ungerechtigkeit in der Gesellschaft kenntlich zu machen. Da Diskriminierung sich auch über Sprache ausdrückt und transportiert wird, wollte man nicht mehr herablassend über Minderheiten reden oder diese ausgrenzen, zum Beispiel in Lehrplänen. Hierzulande wurde Political Correctness von einigen sofort als Zensur im Hinblick auf die Geschichte des eigenen Landes verstanden und mancher übersah – wie in den USA auch – das demokratische und emanzipatorische Element. Stattdessen fühlte man sich in seiner Freiheit eingeschränkt, andere mit verletzenden Worten belegen zu dürfen. So wurde politische Korrektheit zum Kampfbegriff. Der Kampf richtet sich gegen Heterogenität und Akzeptanz und selbstredend gegen ▸Gutmenschen, die die gute alte Weltordnung ins Chaos stürzen, indem sie »normale«, »unschuldige« Wörter wie ▸Neger tabuisieren.

Die nächste Drehung: Wer auf diese Weise gegängelt wird, weil er sich ständig Alternativbegriffe für das N-Wort ausdenken soll, fühlt sich selber diskriminiert – genau wie damals die Schwarzen und die Homosexuellen. Während es Konsens ist, dass die Bürgerrechtsbewegung kein Freizeitspaß von ein paar überreizten Empfindsamen war, muss man auf die aktuell verhängten Maulkörbe immerzu hinweisen. Durch die von Selbstmitleid gefärbte Brille sieht der Umstand, dass nicht jeder mit einem spielen will, wie Unterdrückung und Diskriminierung aus. Vielleicht wird Möchtegerndiskriminierung wirklich als solche empfunden; Phantomschmerzen im fehlenden Bein sind ja auch echt. Noch leichter wird die Täter-Opfer-Umkehr, wenn man das gesamte Antidiskriminierungsansinnen ins Lächerliche zieht und delegitimiert, indem man einen besonders übertrieben wirkenden Fall wiederkäut. Man glaubt gar nicht, wie viel Aufregung eine Unisextoilette auslösen kann.

Übrigens wird niemandem etwas weggenommen. Wörter wie Neger oder Zigeuner sind entgegen aller Gerüchte nicht verboten. Man darf die Religionsfreiheit abfeiern und gleichzeitig einschränken, dass sie für Muslime nicht gelten soll. Auch die Aussage, dass Kriegsflüchtlingen nicht geholfen werden müsse, ist nicht mit Strafe belegt. Man darf vieles sagen, sollte aber wissen, dass respektlose Sprache respektlos ist, so ankommt und entsprechende Reaktionen provoziert. [fr]

Polizei Das Wort stammt aus dem Griechischen und ist entweder von *politeia* abgeleitet, also vom Staat, und umschreibt allgemein die innere Ordnung. Oder es basiert auf Homers *Ilias* und spielt auf gemeinsame Tätigkeiten an. Wie dem auch sei, lange Zeit umschrieb der Begriff die Konturen innerstaatlicher Ordnung, später auch die Erfassung der Bevölkerung und die Hygiene. Die Polizei als Institution und Gewaltmonopol ist jüngeren Datums; sie entwickelte sich im 19. Jahrhundert.

Beinahe jede Woche bedanken sich besorgte Spaziergänger bei der Polizei, die – so die Eigenwahrnehmung – ihre Demonstrationen vor Horden enthemmter Verrückter geschützt hat. Man mag also meinen, der Polizei werde höchste Anerkennung zuteil. Obwohl die Besorgten gern auf Recht und Ordnung pochen, ist ihr Verhältnis zu jener Institution ambivalent, die diese im Idealfall sichern soll. Einerseits ist es die Polizei, die dem akut drohenden linken Chaos Einhalt gebietet, andererseits jedoch sichert sie die verhasste ▸Deutschland GmbH. Entscheidend ist sicherlich der Grad der Entrückung, das Maß der verschwörungstheoretischen Überzeugung. Wer an gezielte ▸Umvolkung glaubt, muss die Hüter des Gewaltmonopols zumindest in Zweifel ziehen. Folglich kippt die Stimmung hin und wieder bedrohlich, weil sich die Wut an einzelnen Beamten entlädt. Genau hier bröckelt die Fassade. Auch der – jedenfalls im Osten – permanente Bezug auf ▸89 deutet an, dass sich die Besorgten bestenfalls instrumentell mit der Polizei verbünden könnten. Wem das System so umfänglich zuwider ist, dass ein Umsturz wie damals nötig erscheint, der kann dessen Speerspitze nicht gutheißen. So mischen sich unter Danksagungen immer wieder Aufforderungen an die Polizisten, sie mögen sich anschließen und die Seite wechseln.

Ein anderer, praktischer Weg, die polizeiliche Ordnung zu untergraben, sind ▸Bürgerwehren, deren harmloser Name den gewaltsamen Kern der Selbstjustiz nur im Ansatz verdeckt. Dass sich die Polizei vor Ort mitunter bei den selbsternannten Gesetzeshütern bedankt, zeigt wiederum personelle und ideologische Überschneidungen. Doch das ist ein anderes Thema. [rf]

prorussisch Von Anfang an sind bei Gida-Aufmärschen russische Fahnen zu sehen; neben Wirmer- und DDR-Flaggen, schwarz-weiß-roten und Fahnen mit Friedenstauben gibt es zudem russisch-deutsche Banner. Bei letzteren verlaufen die deutschen Nationalfarben in die russischen auf gleicher Höhe. Also Schwarz wird zu Weiß, Rot wird zu Blau und Gold zu Rot.
Ihre Interpretation ist nicht leicht. Gleichwohl sind sie auch bei den sogenannten Montagsmahnwachen oder den versandeten »Sturm-auf-den-Reichstag«-Treffen zu sehen. Die Lesarten können sein: Die ▸USA, als klassisches Beispiel des Imperialismus, wollen die EU in den Krieg mit Russland treiben. Der genaue Grund wird nicht genannt, aber als echte Friedensstifter werden Deutschland und Russland in den Farben vereint als Abwehr des US-Imperialismus. Meistens halten die Träger solcher Fahnen Russland für den Friedensweltmeister und plädieren für Deutschlands Kooperation mit diesem.
Außerdem kann die Russlandflagge die Situation in der Ukraine anmahnen. Mit europäischer Unterstützung sei in Kiew der »neue Faschismus« erwachsen und obwohl Russland nie zugegeben hat, die Kämpfe in der Ostukraine gegen ukrainische Truppen zu unterstützen, gilt es als Held im Kampf gegen den Faschismus. So wird auch das Gebiet in der Ostukraine gern Novorossija (Neurussland) genannt, als letztes Bollwerk vor oder gegen Kiew. Immerhin wähnen sich auch viele Besorgte als Verfolgte eines neuen Faschismus.
Weiterhin beziehen sich die Flaggen auf Wladimir Putin persönlich. Im Gegensatz zur für ihre Ruhe und Allgemeinplätze gescholtenen Angela Merkel leuchtet der russische Präsident beispielhaft als Macher und Anführer. Wenn Putin im Lebensmittelladen einer russischen Stadt feststellt, dass die Wurstpreise zu hoch sind, scheint dies die angesammelte Wut auf Merkel in einer bemerkenswerten Art und Weise zu kanalisieren. Am Ende könnten geschwenkte Russlandfahnen womöglich auch nur Ärger über teuren Schinken bedeuten. [ts]

Rapefugees Das Faible der Besorgten für merkwürdige Sprachschöpfungen ist ausgeprägt (▸Maasmännchen). Im Kofferwort bekommt das besonders perfiden Ausdruck. Es kombiniert die englischen Worte »refugees« (Flüchtlinge) und »rape« (Vergewaltigung) und setzt pauschal alle Geflüchteten mit Vergewaltigern gleich. Zuerst bei Pegida im Januar 2016 aufgetaucht, fand die Kreation schnell als Slogan – »Rapefugees not Welcome« –, T-Shirt-Motiv und Hashtag zu Popularität. [tp]

Rasse Die »sozialräumliche Häufung menschlicher Erbmerkmale im Sinn einer Formengruppe« (*Wörterbuch der Ethnologie*) lässt sich nicht leugnen: Wer in Nigeria geboren wurde, sieht aller Wahrscheinlichkeit nach anderen Nigerianern ähnlicher als beispielsweise einem Iraner. Fast alles, was über diesen banalen Befund hinausgeht, ist problematisch. Sowohl in Nigeria als auch im Iran, um kurz beim Beispiel zu bleiben, gibt es keine Übereinstimmung von Staatsbürgerschaft einerseits und Ethnizität, Sprache und Kultur andererseits. Auf genetischer Ebene finden sich innerhalb der Bevölkerung eines Gebiets mehr Unterschiede untereinander als zum Rest der Menschheit. Dies gilt nicht nur in interkontinentalen Transiträumen wie dem Iran, sondern auch bei den durch ihre Insellage und strenge Einwanderungsgesetze stärker isolierten Japanern.

Dass Merkmale über die äußere Erscheinung hinaus erblich seien, war bereits im 19. Jahrhundert in den Wissenschaften hochumstritten und gilt seit Mitte des 20. Jahrhunderts als widerlegt. Auf die Einsicht hin, dass Merkmale wie Hautton oder Augenform in keinen Zusammenhang mit Temperament, Intelligenz, Sozialverhalten oder kultureller Praxis zu bringen sind, wurde 1965 das »Internationale Übereinkommen zur Beseitigung jeder Form von Rassendiskriminierung« geschlossen.

Dennoch kursieren die einfachen Erklärungsmuster eines Gestalt- oder Milieudeterminismus weiter in schrillsten Tönen. Halbwahrheiten und Kurzschlüsse bilden das größte Problem: Als Gloria von Thurn und Taxis zur HIV-Verbreitung in Afrika 2001 nichts Besseres einfiel als »der Schwarze schnackselt gerne«, nahm sie Björn Höcke (AfD) vorweg, der das Feindbild vom sexuell bedrohlichen ▸Afrikaner in seiner Rede von verschiedenen »Reproduktionsstrategien« zwischen Europäern und Afrikanern anführte. Das klingt für weniger Informierte nach ▸Fakten und der Kurzschluss aus Augenschein und Stereotyp ist perfekt.

Hinzu kommt, dass nicht nur für die wegen Volksverhetzung verurteilte Dügida-Chefin Melanie Dittmer das Blut die Menschen unterscheidet. Mit A, B oder Rhesusfaktor negativ hat das nichts zu tun: Es beschreibt ein weltweit verbreitetes Prinzip, dass sich aus der Abstammung, also qua Geburt, gewisse Rechte wie Erb- und Besitzrechte ableiten,

Statusprivilegien (»blaues Blut«) und Gruppenzugehörigkeit. Dieses »Recht des Blutes« (*ius sanguinis*) wurde in Deutschland erst mit der Reform des Staatsangehörigkeitsrechts im Jahr 2000 relativiert. Es ist wenig verwunderlich, dass traditionelle Vorstellungen über eine erbliche Gruppenzugehörigkeit nach wie vor in Ausschlussprinzipien nach dem Herkunftsprinzip ihr Echo finden (▸passdeutsch). Wissenschaftliche Belege für eine Unterscheidbarkeit von Menschen anhand ihres Blutes oder ihrer Gene, die über das individuelle Aussehen hinausgehen, oder gar Beweise für einen Determinismus aufgrund der Abstammung wird man trotzdem vergeblich suchen. [rs]

R

Rassismus

▸Rasse

rechts

Sind besorgte Bürger, sind AfD und Gida rechts? Eigentlich eine Grundschulfrage. Xenophob und aufs eigene Land fixiert; überzeugt davon, dass nur deutsches Blut für Deutschland kicken darf, und an unzähligen Stellen infiziert von der Sprache des Dritten Reichs (▸Volksverräter, ▸Lügenpresse). Wobei die Konturen der politischen Lokalisierung rechts komplexer sind als häufig angenommen. Von reaktionär über monarchistisch, erzkatholisch zu faschistisch umfasst die Bezeichnung viele Spielarten. Nur die vorgetragene Ungleichwertigkeit verschiedener Gruppen liegt quer zu allen Varianten. Darin sind sich die alte, eher biologistisch, also rassistisch argumentierende, und die neue, auf vermeintliche Kulturdifferenzen aufbauende, Rechte einig.

Im Selbstverständnis stehen die Dinge anders, wie die Selbstbezeichnung andeutet. Mit »Nazis raus!« beschimpfen Gida-Demonstranten jene auf der anderen Seite. Ein satirisches Plakat der Partei DIE PARTEI »Hier könnte ein Nazi hängen« kommentiert das besorgte Newsportal *Anonymousnews.ru* mit »Lasst euch nicht spalten, es geht nicht um Links oder Rechts, sondern um uns hier unten, gegen die da oben«. Offensichtlich fühlen sich die Macher der Seite vom Begriff ▸Nazi angesprochen, obwohl sie nach eigener Diktion nicht rechts sind. Das sind die anderen. Als Tatjana Festerling explizit forderte, die Nähe der patriotischen Europäer zur politischen Rechten zu betonen, brach ein Sturm der Entrüstung über sie herein. Man sei nicht rechts, tönte es, man sei das ▸Volk. Die AfD wiederholt ebenfalls mit unheimlicher

Penetranz, dass der Vorwurf, rechts oder gar rechtsradikal zu sein, nur ein weiterer Schwung mit der ▸Nazikeule sei – egal wie offen rassistisch, völkisch, faschistoid oder antisemitisch die eigene Position ist. Die AfD in Mecklenburg-Vorpommern hatte unterdessen ernste Überlegungen angestellt, mit der NPD zusammenzuarbeiten, während sich deren Spitzenmann Udo Pastörs beschwerte, die AfD könne unbelangt die gleichen Aussagen tätigen, für die er verurteilt werde.
Für diese paradoxe oder schizophrene Konstellation gibt es verschiedene Gründe. Einerseits wähnt man sich als Vertreter des Volkes, also der Mehrheit. Andererseits lauschen die Besorgten aufmerksam Leuten wie Jürgen Elsässer und wandeln auf den Spuren der Querfront, die von sich behauptet, weder links noch rechts zu stehen. Wer schließlich die ▸Wahrheit vollumfänglich für sich verbucht, kann sich nicht mehr nur in politischen Positionskämpfen befinden. Die Besorgten stehen darüber, jenseits des üblichen, ▸linksversifft kontaminierten politischen Raums. Die Extremismusdoktrin mit ihrer Entpolitisierung des Politischen und ihren schnöden Messungen des Abstands zur ▸Mitte findet hier zu sich (▸Extremismus). [rf]

Rechtsstaat

Als der damalige Bundesinnenminister Wolfgang Schäuble (CDU) einmal gefragt wurde, ob »der Rechtsstaat« im Kampf gegen den internationalen Terrorismus an seine »Grenzen« gehen müsse, antwortete er mit einer Buchempfehlung: *Die Selbstbehauptung des Rechtsstaates* von Otto Depenheuer. Dieses liefert ein Bild der Welt (also des Westens) am Vorabend der Apokalypse. Eine Zweckrede zur vollständigen Versicherheitlichung der Gesellschaft: Repression als Instrument der Wahl, in der parlamentarische und demokratische Aushandlungsprozesse nicht mehr gebraucht werden. Ein Rechtsstaat, der außerhalb eines Rechtsstaats agieren muss, um einer zu bleiben. Das war vor fast zehn Jahren. Heute hat der Begriff wieder Konjunktur. Wann immer Hashtags wie #freital oder #heidenau auftauchen, versichern Politiker, dass die ganze »Härte des Rechtsstaats« greife. Eine Verklausulierung des Wunsches nach maximaler Strafverfolgung und Gerichtsurteilen innerhalb der rechtlichen Möglichkeiten. »Die Härte des Rechtsstaats« ist zugleich hilflose Floskel, wie es Sachsens Innenminister Markus Ulbig (CDU) ausdrückte: »Wer sich außerhalb des Rechtsrahmens bewegt, bekommt die volle Härte des Rechtsstaats zu spüren.« Auf vielerlei

Ebenen ist das nichts als eine Binsenweisheit. Aber mit dem Verweis braucht sich Ulbig nicht weiter zu positionieren.

Der Leipziger Gida-Abklatsch schloss, idealtypisch für die Besorgten, mit dem Rechtsstaat ab: Nachdem im September 2015 einer ihrer wöchentlichen Märsche durch eine Sitzblockade auf wenige hundert Meter verkürzt wurde, kündigten sie direkt danach eine weitere Demonstration an. Die Polizei verzichtete in Abwägung der Teilnehmermenge und räumlichen Enge auf eine Räumung. Der zusätzliche Aufzug hatte die »symbolische Beerdigung der Versammlungsfreiheit und des Rechtsstaats« zum Inhalt. Beide waren für Gida gestorben, weil Gegendemonstranten trotz Polizeipräsenz ihren Weg blockierten. Dass sie damit ebenfalls ihre Versammlungsfreiheit nutzen und es um eine komplizierte Abwägung verschiedener Rechtsgüter geht, spielt im Schwarz-Weiß-Denken keine Rolle. Eine gewaltvolle Lösung in ihrem Sinn, die Räumung der Blockade, wäre die einzige rechtsstaatliche Lösung gewesen. Sie prozessierten kurz darauf tatsächlich mit einem schwarzen Pappsarg – soviel zur klassischen Demofolklore – für den Rechtsstaat durch die City und legten ihn vorm Rathaus nieder. Den Marsch schützten viele Polizeibeamte.

So sind sich Besorgte und Repressionspreiser Otto Depenheuer einig, dass es keine Grenzen geben darf, wenn es um den Rechtsstaat selbst geht. Wenn der Feind nur groß genug ist, sei jedes Mittel recht. Bei Depenheuer sind das terroristische Anschläge, bei Besorgten Gegendemonstranten und alle, die als ▸fremd gedeutet werden. Die von beiden Seiten geforderte Entgrenzung des Rechtsstaats zu seinem vermeintlichen Schutz ist dabei eine Art Selbstmord aus ▸Angst vor dem Tod. Wer Abwägung, Differenzierung und genaue Einzelfallprüfung auskehrt, öffnet einer Willkürherrschaft als genauem Gegenteil des Rechtsstaats Tür und Tor. [ts]

Reconquista

»Neapel bleibt unser! Für ein Deutschland in den Grenzen von 1228«: Die Fallstricke historischer Argumentation drückt der Antifa-Sticker aus den 1990ern vorzüglich aus. Projektionen eines »Wir« in einen bestimmten Raum und zu einer bestimmten Zeit lassen ziemlich alles möglich werden.

»Reconquista Germania« nennt sich eine Facebook-Gruppe, die den »Kampf um die deutsche Souveränität« fordert. Auch jene verhuschte Clique, die gleich eine ganze identitäre Bewegung sein will, hat sich Re-

conquista auf die gelben Fahnen geschrieben (▸Identität). Ein christliches Ritterideal, El Cid – sie mögen Helden – und der heroisch-soldatische Kampf gegen den Invasoren-Islam. Das Feindbild ist perfekt und die historische Stunde wie gemacht zur Mahnung an die Gegenwart.
Nur ist das anachronistischer Quatsch und entspricht auch nicht der angeblichen Gewaltlosigkeit (▸Gewalt). Über 770 Jahre tobten militärische Auseinandersetzungen auf der iberischen Halbinsel, bis die muslimischen Mauren verdrängt wurden. Dabei waren Westgoten & Co. auch nur ein paar hundert Jahre zuvor in die Gegend getrottet. Autor Juan Goytisolo kritisiert pointiert die Darstellung, hier hätten Spanier gegen Nichtspanier obsiegt: Die iberische Halbinsel gelte vielen als »abstrakter Raum«, »in dem seit den fernsten Urtagen Menschen hausten, die schon zweitausend Jahre vor der historischen Existenz Spaniens wundersamerweise ›Spanier‹ waren: Tartessier, Iberer, Kelten, Keltiberer. Als die Phöniker, Griechen, Karthager und Römer an unseren Küsten landeten, stießen die Invasoren auf den hartnäckigen Widerstand der Ureinwohner, bevor sie sich ihrerseits hispanisierten und allmählich ›Spanier‹ wurden. (...) Spanien hätte wie ein Flußbett den Zulauf verschiedener Menschenströme erhalten, die Jahrhundert um Jahrhundert von den Phönikern bis zu den Westgoten das anfängliche Gewässer anschwellen ließen und bereicherten. Als diese den afrikanischen Eroberern unterliegen, bedeutet die Zerstörung ihres Reiches bereits die Zerstörung ›Spaniens‹. Und folglich ist die Reconquista (...) ab ovo ein Widerstandskampf Spaniens (...).«
Das taugt prima zum Nationbuilding (▸Nation). Im gleichen Jahr, als die Reconquista in der Eroberung Granadas 1492 ihren Abschluss fand, begann mit der Entdeckung Amerikas die Conquista, die Landnahme und Missionierung mit Feuer und Schwert in Übersee. Als Krönung der Reconquista wurde das Alhambra-Edikt erlassen, das zur Zwangschristianisierung, Vertreibung und Ermordung hunderttausender Juden führte. Auch so geht ▸Abendland. [tp]

Schande

Eine »Schande für Deutschland« – das sind für Besorgte ▸Flüchtlinge, die Politik Angela Merkels und die ▸Islamisierung, ▸Frühsexualisierung und ▸Umerziehung ihrer Kinder. »Damit Deutschland nicht zerstört wird«, soll die AfD gewählt werden, denn alle anderen Parteien stehen für Schmach und Schande.
Doch nicht nur aus besorgten Reihen schallt die Phrase. Auch Leute,

die auf AfD und Gida schimpfen, bedienen sich dieses Großbegriffs. So nannte Wolfgang Schäuble (CDU) die AfD eine »Schande für Deutschland«, Andreas Stoch, SPD-Fraktionschef in Baden-Württemberg, bezeichnete die gespaltene AfD im dortigen Landtag als »Schande für Deutschland und Baden-Württemberg«. Und selbst Bundesjustizminister Heiko Maas (SPD) findet, Pegida ist eine »Schande für Deutschland«. Von Schande zu sprechen, ist so irreführend wie vielsagend. Sie meint sowohl den Verlust von Ansehen und ▸Ehre, als auch die Ursachen dafür. So war ein uneheliches Kind lange einerseits die Schande selbst und brachte andererseits Schande über die Mutter. Zudem sind Schande und Schändung nahe beieinander. Beide Nomen referieren auf das Verb schänden, synonym für entweihen oder vergewaltigen. Von einer Schande für Deutschland zu reden, verweist also entweder darauf, etwas Sakrales zu beschmutzen und damit zu entweihen. Wer so redet, stilisiert die ▸Nation zum gottgleichen Wesen. Oder sieht sie entehrt und vergewaltigt. In diesen protofaschistischen Männerfantasien muss Deutschland entweder heiliges oder unschuldiges Opfer sein, vielleicht auch beides. Vaterlandsliebe und Nationalismus sind gesellschaftlich noch immer erschreckend tief verankert. [ng]

Scharia

Die Aussage »Wir dulden keine Thora in Deutschland« aus dem Mund einer SPD-Fraktionschefin würde zum empörten nationalen und internationalen Echo und in der Konsequenz zur Niederlegung aller Ämter der Politikerin führen. Ersetzt man »Thora« mit »Scharia«, wirkt es wie eine völlig legitime Aussage zur Verteidigung eines pluralistischen, modernen und säkularen Rechtsstaats. Ironisch nur, dass beide Begriffe die exakt gleiche Wurzel haben: »Weg zur lebensspendenden Wasserquelle«.

Unwissen und öffentlichkeitswirksames Gepolter führen hierzulande zum breiten, über die üblichen Verdächtigen hinausgehenden Konsens: »Die Scharia« will niemand. Dabei wird verkannt, dass Scharia für wesentlich mehr steht als für Handabhacken und Steinigung, weil das Wort den ganzen normativen Kosmos des Islam beschreibt. Ein Nebenproblem im deutschen Sprachraum: Die Verwendung der korrekten Begrifflichkeit könnte für eine unfreiwillige und unangemessene Komik sorgen, da die Sammlung der islamischen Rechtsvorschriften mit dem Begriff »fiqh« bezeichnet wird. Wer möchte schon öffentlich »Kein fiqh in Deutschland!« proklamieren?

Ein Schariaverbot käme einem Religionsverbot gleich. Vor allem ▸ Muslime, die mit der westlichen Verwendung des Begriffs nicht vertraut sind, verstehen diese Forderung auch so und reagieren entsprechend verstört. Unterstellt man andererseits den glühenden Verteidigern des Rechtsstaats wohlwollend Unwissen, meinen sie vermutlich, dass sie Todes- und Körperstrafen sowie die Ungleichbehandlung von Mann und Frau ablehnen. Hier stellt sich allerdings umgekehrt die Frage: Wer setzt sich denn für die Einführung der Steinigung in Deutschland ein? Sicherlich möchte auch niemand eine Alieninvasion. Aber außer einigen Verwirrten, die sich bereits in der Sklaverei von außerirdischen Mächten wie Reptiloiden wähnen, bemüßigt sich niemand, ein UFO-Verbot öffentlich zu bekräftigen.

Allerdings haben Begriffe eine Dynamik. Wenn einige Muslime und nichtmuslimische Verteidiger der Vielfalt in Abwehr des gezeichneten Scharia-Schreckensbilds wiederum einseitig die positiven Aspekte hervorheben, ist letztlich niemandem geholfen. Seit den 1970ern gibt es de facto einen Prozess der ▸ Islamisierung des Strafrechts in mehreren islamisch geprägten Staaten, wobei insbesondere Körper- und Todesstrafen für die systemstabilisierende Unterdrückung von Minderheiten und Oppositionellen (wieder-)eingeführt wurden, unter ausdrücklichem Bezug auf die Scharia. Das islamische Recht wurde hierbei zur Legitimation herangezogen, was zum Feindbild Scharia in nichtmuslimischen Ländern beiträgt. Wie ein Blick in die (Rechts-)Geschichte und in den gelebten Alltag von mehr als einer Milliarde Muslimen zeigt, zeichnet sich die Scharia durch eine Vielfalt und ein legitimes Nebeneinander verschiedener Auslegungen, Veränderungen und Anpassungen an die jeweiligen Bedingungen aus. Verstümmelung, Auspeitschen und Todesstrafe waren und sind Teil der Scharia, aber sie sind nicht *die* Scharia – sie kommt auch gut ohne aus. Differenzierung wäre also wie bei den meisten Schlagworten der erste Schritt, sie in nichtschlagende Worten umzuwandeln. [rs]

Schießbefehl

Als in kurzer Zeit mehrere tausend syrische Flüchtlinge nach Deutschland einreisten, verlor das Land zusehends alle Hemmungen. »Alle abknallen« ist ein gängiges Edikt, dem gerne viele Ausrufezeichen (▸ !!1!1!!) und grinsende Smileys hinzugefügt werden. Bei Facebook etwa wimmelt es von Anspielungen auf die mörderische deutsche Vergangenheit: Vergasungs- und Gaskammer-Variationen, Visionen von Zügen, die »ab nach Auschwitz« fahren sollen. Sehr beliebt sind auch stumpfe Brutalität und Waffengewalt – »Kopfschüsse« für Flüchtlinge.

Just in diesem Moment fordert AfD-Chefin Frauke Petry: »Politiker sollten dem Volk aufs Maul schauen.« Sie ruft – im Namen der Ordnung – zur Barbarei auf. Polizisten müssten illegale Grenzübertritte verhindern und »notfalls auch von der Schusswaffe Gebrauch machen«, so stünde es im Gesetz. Die deutsche Grenze sei »mit Waffengewalt als Ultima Ratio« zu verteidigen (▸ Mausrutscher). Eine Hommage an Splatterfantasien besorgter Bürger im dünnen Gewand der Sachlichkeit. Denn formal können Geflüchtete die deutsche Grenze prinzipiell nur illegal passieren. Das deutsche Recht sieht darin ein Vergehen, aber kein Verbrechen. Geschossen werden darf nur, wenn jemand »eines Verbrechens dringend verdächtig ist« und befürchtet werden muss, dass eine Person selbst schießt.

Man nannte es Flüchtlingschaos, als zu Hochzeiten mehrere hundert Menschen stundenlang, manchmal tagelang auf ihre Registrierung warteten. Der Grenzübertritt verlief nach übereinstimmenden Berichten von Sicherheitsbehörden selbst ruhig und gewaltfrei. Niemand lief der Polizei davon oder versuchte, sich der Kontrolle zu entziehen. Selbst nach unbemerkten Grenzübertritten meldeten sich die meisten bei einer Behörde, um ordnungsgemäß Asyl zu beantragen.

Petrys mordlustiger Schießbefehl wurde als Ausweis der Inhumanität goutiert. Er bot allen mit Gewissensresten Gelegenheit, sich von einem menschenverachtenden Umgang mit Flüchtlingen in Europa abzugrenzen. Denn anders als der Verweis auf einen bewaffneten Grenzschutz löst die Rede von der Sicherung der EU-Außengrenzen für sich genommen keine Empörung aus. Auch dann nicht, wenn Kanzlerin Merkel die Fluchtbewegung aus Afrika einen »Angriff auf unsere Außengrenzen« nennt, der uns »sicherheitspolitisch in allergrößte Gefahr« bringt. Auch nicht, wenn der sächsische Innenminister Markus Ulbig (CDU) Polizisten in die europäische Peripherie an die bulgarisch-türkische Grenze schicken will, wo die bulgarische Grenzpolizei mit brutalen Push-Back-Operationen Flüchtlinge abwehrt. Zwei Iraker sollen im Winter 2015/16 brutal misshandelt worden und dann erfroren sein. Die syrische Beobachtungsstelle für Menschenrechte zählt mindestens 60 Zivilisten, die auf der Flucht aus Syrien von türkischen Grenzwächtern erschossen wurden. Gleichzeitig fließt viel Geld in die

Türkei, damit dortige Grenzschützer Europa die Flüchtlinge vom Leib halten. Die Menschen, die unter dem Radar europäischer Sicherheitskräfte im Mittelmeer ertrinken, werden gelegentlich als tragische Schicksalsfälle bedauert. Aber niemand auf dem reichen Kontinent will sagen, was unter Grenzsicherung tatsächlich zu verstehen ist und wie das aussieht. Die Diskussion um hypothetische Tötungen an der deutschen Grenze befriedigt nicht nur die Fantasien blutrünstiger Bürger, sie hilft auch der humanitären Pose der Festung Europa. [jest]

Schreikinder »20 vermummte Schreikinder rennen neben dem Legida Zug her, die Rotzer halten sich fit!« (Legida auf Twitter). Beim Mantra von den Schreikindern werden die Gidas nimmermüde, wenn es um ihre Kritiker vor Ort geht. Es seien allesamt juvenile Krakeeler, unreife Heuler ohne Ahnung und Lebenserfahrung, die ihnen auf der Straße gegenüberstehen. Ernst zu nehmen brauche man den Gegenprotest daher nicht, so lautet die dahinterstehende Delegitimierung.
Neben dieser Infantilisierung wird versucht, die Protestierer als irgendwie asozial darzustellen oder wenigstens als nicht zugehörig zum ▸Volk. »Die sollen erst mal arbeiten gehen«, ist aus den Gida-Demos heraus zu hören und in Foren zu lesen. Das seien alles Studierende, die es sich auf Kosten von ehrlichen Arbeitern auf der faulen Haut bequem machen und sinnlose Fächer studieren wie Gender Studies (▸Genderwahn) oder solche, bei denen man seinen Namen tanzt. Auch ist zu vernehmen, die seien alle bekifft oder von anderen Drogen bedröhnt.
Schreikinder werden eigentlich Babys genannt, die extrem oft bis permanent am wehklagenden Weinen sind. Kein Kuscheln, kein Stillen hilft. Die Eltern fühlen sich dadurch an den Rand des Nervenzusammenbruchs getrieben, leiden unter Schlafstörungen, sind gereizt. So gesehen wirkt die Rede von den Schreikindern entlarvend für die Gida-Seite und bestätigt: Gegenproteste auf der Straße zeigen Wirkung. Sie verunsichern die Besorgten, auch wenn sich diese trotzig geben, und irritieren die Redner – so infantil Feingeister ein über Polizeiketten geschlenztes »Halts Maul!« auch empfinden mögen. [tp]

Schuldkult 9. November 2015, Dresden: Zum Jahrestag der Reichspogromnacht forderte Pegida den Schlussstrich. »Lasst uns mit eurem Schuldkult für die Vergangenheit, für die keiner von uns hier die Verantwortung trägt, endlich in Ruhe!«, schallte es von der Bühne. Der Termin ist makaber, die Wortverwendung entlarvend. Schuldkult wird von der extremen Rechten seit Langem als »psychotisches Krankheitsbild« (so der verstorbene Nazi Jürgen Rieger) attestiert. Er funktioniert wie die ▸Nazikeule als doppelte Unterstellung: Man schiebt den anderen etwas unter, um es ihnen dann vorwerfen zu können. Die Fixierung auf den Holocaust, so der Tenor, führt zum Selbsthass der Deutschen, die millionenteure Umerziehungsprogramme bereitwillig über sich ergehen lassen. Die teutonische Autoaggression habe bei der Unterzeichnung des Versailler Friedensvertrags 1919 und der deutschen Alleinschuld am Ersten Weltkrieg begonnen. Nach 1945 wirke der Schuldkult noch intensiver, lasse keine objektive Geschichtsauseinandersetzung zu. Dabei reden die Besorgten doch nur vom NS, um nicht mehr von ihm sprechen zu müssen und führen allein angebliche alliierte Kriegsverbrechen an. Schlussstrichdebatten sind von konservativer Seite immer schon geführt worden. Man müsse zu einer »Normalität« zurückkehren. Jetzt aber scheint der Schuldkult wirklich salonfähig, soll der industrielle Massenmord der Nationalsozialisten nichts Singuläres mehr sein, sondern ein historisches Ereignis unter vielen. Die einschlägige Vokabel »Nationalmasochismus« verwendete der spätere AfD-, dann Alfa-Politiker Hans-Olaf Henkel in einer Kolumne. Mit dem Stichwort Schuldkult taggte im Sommer 2016 der Dresdner CDU-Politiker Maximilian Krah seinen Blogbeitrag *Warum Fakten stören – Beobachtungen in der Zuwanderungsdebatte*. Der Blick auf die deutsche Geschichte müsse größer gefasst werden, soll identitätsstiftend und gemeinschaftsbildend sein, fordert etwa die AfD. Mit »Otto – ich grüße dich!« erklärte deren thüringischer Landesvorsitzender Björn Höcke, der Kaiser habe bei der Schlacht auf dem Lechfeld vorbildhaft die Invasion aus dem Osten aufgehalten – mit Kämpfern »aus allen deutschen Stämmen«: »Ich will, dass Magdeburg und Deutschland nicht nur eine tausendjährige Vergangenheit haben, (...) Ich will, dass sie auch eine tausendjährige Zukunft haben!« [tp]

schwul Man kann zwei schwule Archetypen unterscheiden: Einerseits der gute Schwule, der sich nichts dafür könnend unauffällig verhält und ein gutes Beispiel dafür ist, wie tolerant die Gesellschaft mit ihm umgeht. Dieser Schwule muss dringend vor dem unaufgeklärten, gewalttätigen ▸ Muslim beschützt werden. Andererseits ist da die schrille Lobbyschwuchtel, die auf CSD-Wagen mit entblößten Pobacken wackelt, die Anwendung von Dildos in Kindergärten erläutert und nicht ruht, bis die Gemeindeverwaltung im letzten Schwarzwalddorf eine Regenbogenfahne hisst.

Schwul bezeichnet männliche Homosexuelle, wobei nicht nur der sexuelle Akt und das erotische Begehren unter den Begriff fallen, sondern alles, was Schwule als Schwule oder für Schwule tun (»Schwulenbar«, »Schwulenfilm«, »Schwul-lesbische Volleyballliga« usw.). Der auf die drückend heiße Wetterlage zurückgehende Begriff wurde und wird als Schimpfwort benutzt, von den so Bezeichneten aber adaptiert und positiv gewendet. Dem gemäß kann je nach Sprecher oder Sprecherin schwul etwas Positives, Neutrales oder Negatives meinen.

Traditionell sind Schwule aus Besorgtensicht mit ihren Forderungen nach rechtlicher Gleichstellung und gesellschaftlicher Anerkennung lästig bis bedrohlich (▸ Familie). In bürgerlich-konservativen und christlich-fundamentalistischen Kreisen sieht man sich von einer Homolobby (auch: Homofilz) in Bedrängnis gebracht, die immer weiterreichende Forderungen stellt und sich dreist verbittet, diskriminiert und beschimpft zu werden (▸ Frühsexualisierung).

Die Thüringer AfD – es gibt eine Bundesinteressengemeinschaft »Homosexuelle in der AfD« – wollte durchzählen lassen, wie viele Homosexuelle es im Freistaat überhaupt gibt, um zu wissen, ob sich der ganze Aufwand nur für ein paar fundamentale Menschenrechte überhaupt loht. Ob der besorgten Schwanzfixierung (▸ Verschwulung) spielen dabei Lesben, Inter- und Transsexuelle so gut wie keine Rolle.

In den Debatten um die ▸ Flüchtlingskrise wurde der Homosexuelle an sich jedoch auch zum Schutzgebiet erhoben. Die CDU erklärt in arabischsprachigen Flyern – obwohl sie das bei ihrer Mitgliederbasis bislang versäumte – die Homoehe und landauf, landab muss vor der Erbhomophobie der muslimischen Flüchtlinge gewarnt werden: So warb die AfD 2016 auf dem Berliner Motzstraßenfest und beim CSD mit zwei Männern und der Aussage, dass sie keinen Wert auf die Bekanntschaft von muslimischen Zuwanderern legten, die ihre Liebe als Todsünde ablehnen. Wenn dies christliche Einheimische tun, sei es hingegen legitime Kritik, wie es das »Forderungspapier Elternaktion Bayern« formuliert. Aus der Innenperspektive stellt sich das Bild nicht viel anders dar. Muslime sind für schwule Besorgte entweder exotisches

Lustobjekt oder Feindbild/Bedrohung. Stehen sie für das eine nicht zur Verfügung, sind sie für den besorgten Schwulen automatisch das andere. Sich selbst beständig zumindest potenziell als Opfer wähnend, weisen sie jeden Verdacht, man könnte selbst rassistischer Täter sein, empört zurück. Musterhaft brachte das der niederländische Rechtspopulist Pim Fortuyn vor 15 Jahren auf den Punkt: Er habe nichts gegen Marokkaner, aber nur, wenn sie mit ihm ins Bett gehen. [rs]

S

Sexismus

Sexismus gibt es nicht. Jedenfalls nicht in Deutschland oder unter Deutschen. Besorgten zufolge ist Sexismus ein Phänomen, welches das erste Mal im Sommer 2015 auftrat, eingeschleppt von ▸Flüchtlingen. Seinen schnellen und vorläufigen Höhepunkt erreichte er in der Silvesternacht 2015/16, als auf dem Bahnhofsvorplatz in Köln Frauen Opfer sexualisierter Gewalt wurden. Täter waren laut neurechten Publikationen wie *Compact* oder *Epoch Times* ausschließlich Flüchtlinge. Im Zuge dieser Berichterstattung entdeckten selbst bis dahin frauenrechtsferne Schichten wie Hooligans oder Männerrechtler (▸Männlichkeit) Sexismus als akutes Problem; nämlich von Nichtdeutschen an ▸deutschen Frauen. Der neue Antisexismus war so aufrecht, dass jene Antisexisten Frauen, die für eine differenzierte Betrachtung der Geschehnisse warben, Vergewaltigungen oder Schlimmeres wünschten – ein Trend, der in sozialen Netzwerken anhält und Menschen attackiert, die nicht rassistisch über Flüchtlinge sprechen wollen.

Argumente, dass es zu solchen Geschehnissen etwa auf dem Oktoberfest alle Jahre kommt, wurden mit Verweis auf Traditionen aus der Welt geschafft. Selbst als sich im Spätsommer 2016 auf Facebook Deutsche zu lustig gemeinten »Sex-Mobs« verabredeten, um Besucherinnen des Oktoberfestes Aufkleber in (sic!) das Dekolleté zu kleben, meldete sich niemand der zu Köln noch wachen Antisexisten. Mit dem Begriff Sex-Mob wurden auch die Tätergruppen der besagten Silvesternacht beschrieben. Der neue deutsche Antisexismus bewahrt den allgemeinen Sexismus, der seinen bigotten Höhepunkt im Wunsch nach Vergewaltigungen findet. [ts]

Smartphone

»Was ist es«, schreiben Markus Metz und Georg Seeßlen in *Hass und Hoffnung*, »was die Vertreter des braunen Mobs den Flüchtlingen als erstes missgön-

nen? Genau. Es ist das Smartphone.« Die angeblich fehlende Bedürftigkeit Geflohener zeige sich bereits daran, dass die meisten von ihnen ein solches Gerät haben. Und wer ein Telefon neuerer Bauweise hat, dem könne es ja an nichts fehlen. Die Kommentarspalten quellen über mit Statements wie diesem von Ronny: »Die ach so armen ▸Asylanten haben alle teure Smartphones. Schon klar, dass sie Hilfe brauchen.«
Das Kontrastbild, das den Hass auf Handys provoziert, ist stereotyp und korrespondiert mit weit verbreiteten Bildern afrikanischer Länder, etwa: viel Busch, wenig Zivilisation, folglich keine oder kaum Smartphones. Dass Damaskus oder Aleppo hochmoderne Städte waren, dass das Internet auch auf dem beiläufig abwertend schwarz genannten Kontinent oder im Nahen Osten verbreitet ist und die Menschen »schlaue« Telefone nutzen, passt weniger ins Bild wilder ▸Neger oder archaischer Moslems.
Es gibt noch einen zweiten Grund, warum gerade Smartphones den Volkszorn besonders kitzeln. »Denn erst durch die Benutzung eines solchen Gerätes ist ein Mensch hier ›jemand‹, genießt er Freiheit, ist er durch unsichtbare Kontrolle eingeschlossen in den Kreis; wenn der Flüchtling ein Handy hat, dann ist er nicht mehr der nackte und rechtlose Mensch. Und er hat womöglich sogar noch Rechte auf Geheimnisse, da wir nicht wissen, auf welche Art er connected ist« (Metz/Seeßlen). Der Hass auf die Handys offenbart also zweierlei: einerseits das Klischeebild ▸fremder Welten und andererseits den dringlichen Wunsch danach, die Fremden als Fremde zu belassen, als in Lagern gehaltene Verfügungsmasse staatlicher Gewalt, als die Anderen, die nicht mit unserer Welt verknüpft, die nicht hier eingewählt sein dürfen. [rf]

Sorge

Das Menschsein ist von der Sorge bestimmt – zumindest einer römischen Fabel zufolge. Cura, die allegorische Göttin der Sorge, formte den ersten Menschen aus Ton. Seither ist er von ihrem Geist bewegt. Und es stimmt, wir sorgen für uns und einander und haben auch Sorgen. Zu den Besorgten gehört, so gesehen, jeder Mensch. Man kann seine Sorgen ernst nehmen, muss es aber nicht. Sie lassen sich auch entkräften und als unbegründet zurückweisen.
Die sogenannten besorgten Bürger hingegen sind eine Verschleierung wie die Bezeichnung ▸Islam- oder ▸Asylkritiker. Es ist schlichtweg eine Verharmlosung, die darüber hinwegtäuscht, dass man es mit Vertre-

tern gruppenbezogener Menschenfeindlichkeit zu tun hat. AfD-Wähler und Pegida-Pöbler mögen sich dagegen mit noch so vielen Tarnnamen (▸kleiner Mann, ▸Mitte) wehren, Rassisten oder ▸Nazis zu sein. Sobald sie rassistisches und nazistisches Gedankengut bewegt, muss man sie so nennen. Dabei meint »Bürger« jeden, »besorgt« hingegen, dass normale Befindlichkeiten geäußert werden.

Einfach »besorgt« sind die von unbestimmter ▸Angst – vor Verhältnissen oder empfundenen ▸Fremden – Angetriebenen und von der Unübersichtlichkeit der Welt Überforderten nicht. Die bangen Bürger sind selbstbezogen und vernarrt in ihre fixen Ideen. Sie wollen als Agenten des »gesunden Menschenverstands« angesehen werden, sind aber Argumenten nicht zugänglich und frönen einem Alleinvertreteranspruch (▸Volk). Lange saßen auch die meisten Medien dieser Kaschierungsstrategie auf, aus Unbedarftheit oder um den Vorwurf der ▸Nazikeule auszuhebeln. Reporter ließen sich ▸Lügenpresse um die Ohren werfen und sprachen von besorgten Bürgen. Hier hat sich mittlerweile Erkenntnis eingestellt. Bei den Besorgten lässt eine solche auf sich warten. Vielleicht hilft noch ein Verweis auf die altrömische Welt: Cura bedeutet nicht nur Sorge, sondern auch Behandlung. [tp]

Souveränität

▸Deutschland GmbH

Spaziergang

Der Spaziergang, vom italienischen *spaziare*, bezieht sich ursprünglich auf ein Ausbreiten, impliziert Erholung und verspricht Entspannung für denjenigen, der sich an neuen Orten ergeht. Doch die Gida-Spaziergänger suchen offenbar nicht den Stressabbau, auch keinen Tapeten- und damit vielleicht einhergehenden Perspektivwechsel. Stattdessen laufen sie Woche für Woche, später noch Monat für Monat immer die gleichen ausgetretenen Straßen entlang.

Ein Erklärungsversuch für das müßige Gehen, das keinen Müßiggang verspricht, mag in gesundheitlichen Aspekten zu finden sein. Tägliche Bewegung regt Kreislauf und Geist an. Dem allerdings widerspricht das Laufen bei Wind und Wetter. So manch ein Spaziergänger wird sich erkältet haben – bei 5 Grad Celsius und Nieselregen. Wenn die eigene Gesundheit keine Motivation für die regelmäßige Ertüchtigung an frischer Luft ist, dann die des deutschen Volkskörpers. Denn dass

es um dieses kranke ▸Volk nach solchen Spaziergängen nicht besser steht, ist immer wieder neu zu bestaunen.
Die Spaziergänger sind dennoch Müßiggänger im weiteren Sinn: Es ist müßig, ihnen bei jedem Spaziergang die Spießruten zu halten. Damit haben sie eher etwas von Wiedergängern in Funktionsjacken. Ungeklärt ist, warum die Dauerdemonstranten ihren regelmäßigen Fußmarsch nicht als das bezeichnen, was er ist: Demonstration. Stattdessen wünschen die Redner nach den Kundgebungen »Viel Spaß beim Spaziergang«. Vermutlich ist diese Bezeichnung offener, wirkt weniger verfänglich und soll andere, eigentlich Politikverdrossene zum Mitlaufen bewegen. Dem Spaziergang haftet nicht die Assoziation von Fahnen und Parolen an. Und auch nicht die von behelmten Polizisten und Wasserwerfern. Das Politisch-Radikale einer Demo wird versteckt hinterm familiären Ausflug, der so entspannt sein könnte wie nach dem Sonntagsbraten. Wären da nicht all die Elemente, die eben eigentlich eine Demo ausmachen.
Nach der Kundgebung sollst du ruh'n oder tausend Schritte tun. Ruhe wäre dem allemal vorzuziehen. Auch nach Monaten des Latschens ist weder von Müßiggang, Entspannung noch Horizonterweiterung etwas zu erkennen. Aber wo die ideelle Ausbreitung ausbleibt, fehlt erfreulicherweise auch die materielle. Mit jedem Spaziergang werden es weniger Läufer. Nur die Ausdauer, die scheint ungebrochen. [ng]

Staat

▸Deutschland GmbH, Rechtsstaat

Statistik

Konfrontiert mit ▸Fakten in Form von Statistiken zitiert der Besorgte gern und oft »Churchill« (den Satz legte die NS-Propaganda Winston Churchill in den Mund): Man könne keiner Statistik trauen, die man nicht selbst gefälscht habe. In dieser antiakademischen Haltung manifestierten sich schon avant la lettre die im Spätsommer 2016 von Angela Merkel diagnostizierten »postfaktischen Zeiten« – man beruft sich lieber aufs Gefühl als auf Daten.
Tatsächlich gibt es gute Gründe, Statistiken mit Vorsicht zu begegnen. Gerade wegen ihrer emotionslosen Zahlenrationalität wird ihnen eine unparteiische und realitätsnahe Abbildung der Wirklichkeit zugetraut. Das ist allerdings naiv. Daten, auf denen Statistiken beruhen, werden

von Menschen erhoben, geordnet, analysiert und interpretiert und damit sind bereits fünf potenzielle Fehlerquellen benannt. Dennoch haben seriöse Statistiken eine höhere Aussagekraft zu einer Frage als das gemeine Hörensagen. Statistik nennt sich natürlich vieles, Aussagekraft und Wahrheitstreue variieren dagegen stark.

Ein viel zitiertes Beispiel ist die polizeiliche Kriminalstatistik. Anders als allgemein angenommen, gibt sie nicht die Kriminalität wieder, sondern Anzeigen. Im Zahlenwerk tauchen somit einerseits all die nicht angezeigten Straftaten nicht auf und es sind auch jene Anzeigen enthalten, für die letztlich keine Straftat festgestellt werden konnte. Ebenso verhält es sich mit den »Kriminellen«: In der Kriminalstatistik werden ermittelte Tatverdächtige erfasst, nicht die verurteilten Straftäter. Mehr Anzeigen können also auf eine gestiegene Anzahl von Straftaten verweisen, ebenso gut aber auch auf eine höhere Sensibilität gegenüber einer Deliktart wie sexuelle Übergriffe oder auf eine diskriminierende Praxis, etwa die nachweislich höhere Bereitschaft, »Fremde« anzuzeigen. Die scheinbar so einfachen Statistikbefunde sind letztlich Ausschnitte einer komplexen Realität und können auf vielfältige Art und Weise missverstanden und missbraucht, aber auch rational kritisiert werden. Sich deswegen aufs Bauchgefühl, die stille Post und schrille Online-Foren zu verlassen, ist dagegen keine Lösung, sondern so plausibel wie die Zukunftsprognose aus den Innereien einer geschlachteten Ziege. [rs]

Straßenkampf

Eine brennende Barrikade, Feuer züngelt über Autoreifen. Darüber steht die Forderung »Es wird Zeit für den Kampf gegen Links!« geschrieben. Mit Straßenkampfsymbolik wollte die AfD darauf aufmerksam machen, dass sie Behörden für auf dem linken Auge blind hält – und zeigt dabei selbst einen martialischen Gestus. Die Eroberung des öffentlichen Raums bildet einen Teil des Vier-Säulen-Konzepts, das die NPD seit ihrem Bundesparteitag 1997 verfolgt. Der »Kampf um die Straße« ergänzt den »Kampf um die Parlamente«, der vor allem als Sicherung von Geldquellen dient, hinzu kommen der als Bildungsarbeit und Werben verstandene »Kampf um die Köpfe« und der »Kampf um den organisierten Willen« einer vereinten Rechten. Der Begriff ist an den NS-Sprech angelehnt, der auch den SA-Terror einschließt. Im Straßenkampf soll mit Kundgebungen und Demonstrationen (mediale) Aufmerksamkeit erzeugt werden. Auch Alltagsdominanz und das Erreichen einer rechten Hegemonie bis hin zur Verwirklichung von sogenannten »national befreiten Zonen« werden angestrebt: Menschen mit anderem Äußeren und/oder Weltbild sollen nicht sichtbar sein, sich da nicht hintrauen.

Die Tausenden, die sich hauptsächlich in den Ostbundesländern hinter dem Gida-Banner auf dem Asphalt versammeln, geben der organisierten Rechten Hoffnung. Auch wenn sie enttäuscht waren und sind, dass eine halbpolitische Clique um einen Wurstverkäufer plötzlich den Kampf um die Straße anführt und nicht sie selbst.

Die Besorgten sehen sich als Kämpfer für die Wahrheit, die ihre Anliegen in den öffentlichen Raum tragen. Das kann durchaus wörtlich verstanden werden, denn eine Abgrenzung zur Gewalt gibt es trotz aller Friedfertigkeitsmaskerade nicht. Im Gegenteil werden Hooligans gern geduldet oder gar als Demoschutz bezeichnet. Am Rande bedrängen und schlagen sie Journalisten und jagen Gegendemonstranten. Jeder Pegida-Montag in Dresden wird von einigen Bewohnern als Bedrohungsszenario beschrieben. Sich selbst als Bürger sehende Besorgte, rechtsoffene und rechte Hooligans sowie Nazis griffen im August 2015 im sächsischen Heidenau zwei Nächte lang eine Flüchtlingsunterkunft und Polizisten an. Mehr als 200 Vermummte zerlegten am Jahrestag von Legida im Januar 2016 eine Straße im links und subkulturell geprägten Leipziger Stadtteil Connewitz. Besorgter Straßenkampf ist ein probates Mittel. [tp]

Südländer/Südeuropäer

Mit dieser Pauschalbezeichnung sprechen Besorgte und Boulevard über Menschen, die zwar nicht blond und blauäugig, aber auch nicht schwarz (▸ Neger) sind. Gemeint sind Menschen mit dunklerer Haut, dunklen Haaren und Augen, was scheinbar automatisch für ihre südeuropäische Herkunft spricht.

Diese Kategorisierung anhand biologischer Kriterien, die angeblich Rückschlüsse auf Herkunft und Temperament zulassen, verdeutlicht rassistische Vorurteile (▸ Rasse): Sind Haut und Haar nicht hell, kann es sich zwangsläufig nur um einen Fremden aus dem Süden handeln, der in den meisten Fällen kriminell ist. Tatsächlich gehen mit der Bezeichnung häufig Berichte zu vermeintlichen Straftaten einher: »20-Jähriger von Südländern mit Messer angegriffen«, »Südeuropäer überfällt Teeladen«, »Südländer überfallen gehbehinderte Frau«. Besorgte beschreiben hier keine ▸Fakten oder verwenden neutrale Begriffe zur äußerlichen Beschreibung. Stattdessen wiederholen sie Stereotype und stärken so Ressentiments. [ng]

T

Systemling

Schlafschaf, Wasserträger oder Systemling nennen Besorgte jene, die nicht in den »Merkel muss weg«-Chor einstimmen. Eine Mischung aus Systemmedien und politischer Bildung (▸Umerziehung) habe einen großen Verblendungszusammenhang erzeugt. Schwarz oder weiß, Klarheit hier, Verblendung dort. Und wer es nicht einsieht, muss Systemling sein, also jemand, der – ähnlich wie ein Günstling – irgendwie profitiert und deshalb seine Augen verschließt. Und weil das eigene, opfermäßige Denkgebäude so einleuchtend erscheint, provoziert der Systemling den Besorgten mit seinem Starrsinn bis in die Haarspitzen. Wütend werden diese dann zu ▸Schreikindern oder ▸Volksverrätern gestempelt. [rf]

Tabubruch

»Ohne jedes Tabu diskutieren« ist eine Formulierung, mit der Politiker Handlungsfähigkeit und Gesprächsbereitschaft signalisieren. Natürlich ist das Unsinn. Jede Gesellschaft hat ungeschriebene Gesetze, also Tabus, verinnerlicht, über die man nicht sprechen möchte, etwa den Tod. Ein Tabu – das aus dem polynesischen Sprachraum stammende Wort meint etwas »Heiliges«, »Unberührbares« – ist manchmal berechtigt, manchmal wird das Darüber-Sprechen berechtigt erkämpft. Homosexualität zum Beispiel ist kein Tabu mehr. Sex mit Kindern oder Tieren sehr wohl, das aus gutem Grund – und strafbewährt ist der sowieso.
Das Aussprechen unverblümter ▸Wahrheit und das Verbreiten unterdrückter, weil gefährlicher Ideen sind das Verkaufsargument der Besorgtenliteratur wie das *Compact*-Magazin und die Erzeugnisse aus dem *Kopp-Verlag*. Mit simulierten Tabubrüchen macht die AfD Parteipropaganda. Erst sagt man etwas wie: »Immigrierende Kinder und Frauen an Deutschlands Grenze müssen zur Not mit der Gewehrkugel aufgehalten werden«, dann rudert man zurück. Die Medien hätten einen nicht korrekt zitiert oder man habe Twitter und Facebook falsch bedient (▸Mausrutscher). Der öffentlich-mediale Eklat sorgt für Aufmerksamkeit, das eigene Lager lobt den Unangepassten.
Gefällig begleitet von »Das wird man ja wohl noch sagen dürfen«

verwechseln Besorgte Tabus mit politisch korrekter Sprache und der angenommenen Meinungszensur der ▸Lügenpresse. Die wird aber gern zur Inszenierung als Tabubrecher bedient. Perfektioniert hat das Thilo Sarrazin. Obwohl er mit *Deutschland schafft sich ab* – Auszüge wurden vorab in *Spiegel* und *Bild* gedruckt – einen Bestseller landete und ein weiteres Sudelbuch gut verkaufte, gibt er sich als mundtot gemachtes Opfer. Sein Nachfolgewerk *Der neue Tugendterror* dreht sich einzig darum, dass er nicht die Wahrheit sagen darf und wurde wieder ein Erfolg. [tp]

Terror Diese viel zitierte Vokabel hat eine längere Geschichte. Abgeleitet vom lateinischen *terror* für Schrecken fand sie unter anderem durch den englischen Staatstheoretiker Thomas Hobbes Eingang in die modernen Sprachen. Für ihn umreißt sie als »terror of legal punishment« ein durchaus angemessenes, auf Abschreckung basierendes Vorgehen des Staates, um die menschliche Natur zu bändigen. Als anderes Wort für Schreckensherrschaft und mit direktem Bezug zu den Jakobinern in Frankreich übernimmt die deutsche Sprache den Begriff Ende des 18. Jahrhunderts.

Es wäre eine längere Diskussion, ob die Entwicklung nun real- oder ideologiegeschichtlich begründet ist. Aber seither hat sich das Wort vom Staatsgebaren auf mehr oder minder kleine Gruppen verschoben, die mit Gewaltakten unterschiedliche politische Glaubensannahmen befeuern wollen. Die Vorgehensweise ist recht einfach beschrieben: Gewaltverbrechen werden, ähnlich wie öffentliche Hinrichtungen früher, möglichst prominent platziert, um mit ihnen ▸Angst zu verbreiten und den eigenen Grundsätzen mehr Gewicht zu verleihen.

Zwar hat sich eine weichgespülte Terrorversion im Sprachgebrauch abgelagert – man spricht etwa von Kindern, die ihre Eltern terrorisieren. Mit den Redebeiträgen auf Kundgebungen hat das aber wenig zu tun, selbst wenn im besorgten Kontext infantiles, affektgetriebenes und vorrationales Denken Kindergeburtstag feiert. Anders formuliert: Sprechen besorgte Bürger im öffentlichen Raum von Terror, ist entweder mangelnde Vorsicht im Spiel oder sie reden von Terror jenseits seiner landläufigen Verwässerung.

Die Aggressivität jedenfalls, mit der Besorgte vom ▸Minderheitenterror linksgrüner Eliten und gewaltbereiter Antifaschisten (▸Antifa) schwadronieren, hinterlässt den Eindruck, dass es ihnen ernst ist.

Auch mit dem Begriff. Wie genau allerdings ein terroristischer Modus – Mord und Totschlag zur Beeinflussung der öffentlichen Debatte – mit dem Ansinnen zu kombinieren ist, Gleichberechtigung etwa für Schwule und Lesben oder Inklusion durchzusetzen, bleibt ein besorgtes Geheimnis. [rf]

T

Thymos Wut ist Motor der Geschichte. So lautet die Quintessenz von Peter Sloterdijks Buch *Zorn und Zeit*, das den zerstörerischen Trieb – griechisch: Thymos – in der Geschichte der westlichen Kultur untersucht. Mit Homers *Illias*-Epos stände Achilles' Wut nicht umsonst am Anbeginn der Überlieferung. Kollektiv besorgen die Zornigen Geschichte, indem sie zornzivilisierende Institutionen schaffen. Soweit Sloterdijk. Dass Thymos in der antiken Philosophie ambivalent benutzt wird und von Lebensodem und seelischem Leben über Handlungslust und Kampfesmut bis zum Zorn vieles bedeuten kann, steht auf einem anderen Blatt. Platon immerhin sieht im Thymos den Mut zu handeln, der als Tugend der Vernunft hilft, die Begierde dauerhaft zu beherrschen. In seiner Schreckensvorstellung eines Idealstaats sollen die »mutartigen« Wächter die politische Ordnung sichern.
Als aufschäumend-anschwellenden Walrossgesang eines zornigen alten Mannes lesen sich die jüngeren Auslassungen Sloterdijks, wenn er die Abschaffung des Sozialstaats anregt oder die Grenzschließung fordert. Derweil bastelt sich sein ehemaliger Assistent Marc Jongen den Thymos-Begriff zur Grundlegung der Besorgtenbewegung zurecht. »Stolz und Wut sind in der AfD wichtige Emotionen«, erklärte der baden-württembergische Partei-Vize der *FAZ*. Die Deutschen müssten angesichts der selbst zorngesteuerten Einwanderer wehrhaft werden, weshalb die AfD »die Thymos-Spannung in unserer Gesellschaft wieder zu heben« gedenkt. Er spricht auch vom »Hochregulieren« und meint dann vielleicht eher Hormonausstoß als Seelenbewegung. Ob die Forderung nach tatkräftigem Bürgerzorn angesichts brennender Flüchtlingsheime, Angriffe auf als nichtdeutsch Wahrgenommene, Kritiker und Journalisten nicht obsolet ist, juckt Jongen nicht. Im Grunde verkleidet er den Schlachtruf ▸»Ahu!« im intellektuellen Gewand. Ein bisschen Zorn muss sein? Platon empfahl zur Thymos-Steigerung Gymnastik. Pilates statt ▸Spaziergang wäre also das Motto zur Wutprobe. [tp]

Toleranzfaschismus

»Dunkel war's, der Mond schien helle …« Der Begriff ist ein Vorzeigebeispiel für besorgte Selbstwidersprüchlichkeit. Er wird den ▸Gutmenschen attestiert und soll beschreiben, dass »man hierzulande mit Androhung der Nazikeule geradezu dazu gezwungen wird, jeden noch so nutzlosen Blödsinn und unnötigen Scheiß als toll zu empfinden, solange es nicht deutschnational ist (hier wird man hingegen gezwungen, es zu verachten)« (*wikimannia.org*). Wenn Toleranz sich von toll ableitet, ist Orthografie nicht der Besorgten Stärke. Dass Toleranz nichts mit toll zu tun hat (was selbst vielschichtig ist, weil es sich von der Tollwut herleitet), sondern von lateinisch *tolerare*, also von *dulden*, von *aushalten* oder *hinnehmen* kommt, dass es darauf abzielt, Vielheit anzunehmen und die eigene Wertung nicht über alles zu stellen, zeigt den Unsinn der besorgten Wortschöpfung deutlich. Wessen Einbildungskraft allerdings die Außenwelt so weit überformen kann, eine gezielte ▸Umvolkung anzunehmen, der kann auch vom Toleranzfaschismus reden. Das hat ähnlich viel semantischen Gehalt wie »friedlicher Krieg«. [rf]

Überfremdung

▸fremd

Umerziehung

Im Wahn der Besorgten gehören alle Jugendlichen zur ▸Merkeljugend, die nicht mitspazieren oder den Volkstod fürchten. Weil sich zwangsläufig die Frage aufdrängt, wie es soweit kommen konnte, dass Hippies, JuSos, Techno-Kids, Hipster, Yuppies oder ▸Antifas sich auf Merkels System haben einigen können, bedarf es eines Fantasiegebildes, um die besorgte Fiktion im Lot zu halten: Die Jugendlichen wurden umerzogen. Als Reeducation bezeichnet man US-amerikanische Bildungsprogramme nach 1945, die das Ziel hatten, den Deutschen den Faschismus auszutreiben. Mit begrenztem Erfolg. Weil die Besorgten (jedenfalls jene im Osten) Merkel und ihr System als eine beinahe lebensechte Kopie der DDR-Verhältnisse ansehen, passt Umerziehung ins schräge Weltbild. Im Rahmen sozialistischer Erziehung, die den ganzen Menschen adressierte und ihn zum zahmen Gefolgsmann einer gleichgeschalteten Gesellschaft machen wollte, gab es robuste bis brutale Jugendwerkhöfe. Dort wurden deviante Subjekte mit teils grausamen

Methoden auf Linie gebracht. Wo die neugegründeten Erziehungseinrichtungen stehen, bleibt das Geheimnis der besorgten Bürger. Jedenfalls spielen sie mit dem Begriff darauf an, dass eigentlich alle nach deutschen Tugenden und in völkischem Geist erzogen, dann allerdings von Staats wegen umerzogen wurden. Zeugen für diese fiese Praxis werden dringend gesucht. [rf]

Umvolkung

In den 1920ern bereits haben Deutschtumsverbände von Umvolkung gesprochen. Spätestens mit dem Ausbruch des Zweiten Weltkriegs wurde auch außerhalb dieser Verbände Umvolkung als Eindeutschung oder Regermanisierung verstanden – Vernichtung, »Entjudung« und Vertreibung inklusive. Damals hieß Umvolkung also Deutschmachung. Seit den 1990ern taucht der Begriff in rechten Kreisen wieder auf, diesmal getragen von der Befürchtung, das deutsche ▸Volk verschwinde oder werde durch diffuse Mächte vernichtet.

Gerne wird in Zusammenhang mit dem ▸Schuldkult behauptet, ▸Gutmenschen verachten ihre Identität und wollen deshalb alles Deutsche abschaffen, indem arabische Flüchtlinge zur Masseneinwanderung eingeladen werden. Um dies allen verbliebenen richtigen Deutschen schmackhaft zu machen, erzählen sie, dass Deutschland mehr Internationalität braucht, mehr Buntheit und Bereicherung aus anderen ▸Kulturen. Nicht weniger als ein großes soziales Experiment finde hier statt. Diesen Unsinn glaubt nicht nur die anonyme verwirrt-besorgte Seele auf der Straße. Auch Bundestagsabgeordnete wie Bettina Kudla (CDU) sehen einen geplanten Austausch im Gang. Sie twitterte im Herbst 2016: »Die Umvolkung Deutschlands hat längst begonnen. Handlungsbedarf besteht.« [fr]

Untergang des Abendlands

Neben *Das Prinzip Hoffnung* (Ernst Bloch) gibt es kein philosophisches Buch, dessen Titel derart in die Alltagssprache einging wie *Der Untergang des Abendlandes* (▸Abendland). Derzeit hat die Phrase bei Spöttern wie Verteidigern von Pegida Hochkonjunktur. Im Kern treffen aber beide nicht Oswald Spenglers Werk, dessen zwei Teile 1918 und 1922 erschienen. Resignation oder Warnung sind dort kein Thema und im Vorwort seines geschichtsphilosophischen Entwurfs weist er

das »Geschrei über Pessimismus« von sich. Sein Unterfangen handelt vielmehr davon, »das Schicksal einer Kultur, und zwar der einzigen, die heute auf diesem Planeten in Vollendung begriffen ist, der westeuropäisch-amerikanischen, in den noch nicht abgelaufenen Stadien zu verfolgen«.
Spengler vertritt die in Antike und Mittelalter vorherrschende Auffassung, dass jede Ära ihre Zeit hat und analog zu Lebewesen von der Geburt bis zu Reife und Tod bestimmte Zyklen durchläuft. Darum spricht er von der Vollendung des Abendlands – was auch der treffendere Buchtitel gewesen wäre. Spengler setzt diese Idee gegen den modernen Fortschrittsoptimismus, den er als blind, naiv und unbegründet ansieht. Nach dem Abendland kommt eben eine andere Ära, wie in der Geschichte die Reiche und Epochen sich ablösten. Natürlich war Spengler ein antiliberaler Reaktionär, der Geldherrschaft mit Demokratie gleichsetzte und in einem neuen Preußentum Vollendung der Epoche wie Neuanfang erblickte. Da muss man sich nichts vormachen. Dass der Autor recht zeituntypisch Antisemitismus und Rassenideologie nicht bediente, sondern ein weinerlicher Schwarzseher war, ist übrigens reiner Mythos. Ein Mythos, der wohl der Genese seines Titels zum politischen Schlagwort ganz und gar nicht geschadet hat. [tp]

USA Über das Land der unbegrenzten Möglichkeiten – der deutsche Kaufmann Ludwig Max Goldberger machte es mit seinem gleichnamigen Buch 1903 zum geflügelten Wort – sprießen alle möglichen Verdächtigungen. Oberflächlich im Gegensatz zur deutschen sei die ▸ Kultur von Coca Cola, Kaugummis und Comics. Die Neue Musik wurde 1920 als »atonaler Amerikanismus« abgebügelt. Wolfgang Seidel erinnert sich in seiner Gegenerzählung zur Geschichte des Krautrocks (*Wir müssen hier raus!*): So »gab es tatsächlich Überlegungen, sich mit ›Kulturpaketen‹ bei den Amerikanern für die Care-Pakete zu bedanken«.
Die Vereinigten Staaten von Amerika sind Projektionsfläche für die Angst vor US-kultureller Hegemonie. Sie drückt sich aus in der Abwehr von Anglizismen und der Forderung, im Radio mehr deutschsprachige Songs zu spielen. Die USA gelten als Schmelztiegel ohne eigentliche Kultur und Geschichte, der das Gegenbild zur Volksgemeinschaft ist. Die empfundene Schmach der Niederlage im Zweiten Weltkrieg tat das ihrige, um sich als Opfer zu stilisieren, von Jahr zu Jahr wird die

Rede vom »alliierten Bombenholocaust« populärer. Wenig zimperliche US-Außenpolitik diente nicht nur Friedensaktivisten als Zielscheibe, hinter Imperialismusvorwürfen verschanzt sich Antiamerikanismus nur allzu gern.

Bei den Besorgten drückt sich das in ▸prorussischen Jubelorgien aus. Auch die Kapitalismuskritik findet ihre haltlose Vereinfachung im US-Bashing. Der dort vermutete Ursprung der Globalisierung zerstöre den guten, weil ehrlichen Kapitalismus des deutschen Handwerkers. Ab den 1920ern wurde anhand der Unterscheidung zwischen »raffendem« und »schaffendem« Kapital die Vorstellung eines guten Kapitalismus aufgebaut: der hart arbeitende, moralisch integre Unternehmer, der ausschließlich für seine Familie und verantwortlich für seine Angestellten wirtschaftet – ohne Profitinteressen. Dem wird ein Schurkenkapitalismus gegenübergestellt, dessen Verkörperungen natürlich gesichtslose US-Multis sind; das Wort multinational verstehen Besorgte nicht. Deutsche Großkonzerne nehmen sie meist seltsam aus von ihrer Kritik.

Damit sind häufig antisemitische Stereotype verknüpft – als »Interessengruppen« oder »Ostküste« verklausulierte Anspielungen auf das »Finanzjudentum« – und Angriffe auf Israel (▸Zionisten). »USRAEL« ist hier eine beliebte Wortschöpfung. Schnittmengen zum ▸linken Antiimperialismus verstehen sich in dieser Hinsicht leider von selbst. [tp]

Verfassung

»Eine Verfassung ist unbedingte Voraussetzung für einen souveränen Staat. Eine Verfassung muss in jedem Fall in einer Wahl vom Volk bestätigt werden. Eine Verfassung muss Verfassung heißen, sonst hat ein Land keine, weswegen das Land dann nicht existiert.« So oder so ähnlich lautet eine beliebte Kette von Trugschlüssen, die von Reichsbürgern bis zum asylfeindlichen Widerstand geknüpft wird. Das ▸Grundgesetz heiße eben Grundgesetz und belege damit, dass Deutschland keine Verfassung hat. Die Auswirkungen dieser verschwörerischen Benennung sind allerdings vielfältig: Einige erkennen den Status quo des staatlichen Gemeinwesens überhaupt nicht an, andere meinen, dass sich Deutschland nur in einem Übergangszustand befindet. Wohin wird dabei meist nicht verraten, oft aber fällt das Wort Souveränität. Das Grundgesetz, welches also keine Verfassung ist, wird dennoch ausgiebig zitiert, vor allem »Paragraph 20«. Nun hat das Grundgesetz keine

Paragraphen, sondern Artikel, was wiederum keine Rolle spielt: Wenn das Grundgesetz keine Verfassung ist, muss auch niemand korrekt mit ihm umgehen.
Besagter Artikel 20 beinhaltet das sogenannte Widerstandsrecht; Widerstand gegen jene im Grundgesetz beschriebene Grundordnung. Diejenigen also, die das Grundgesetz nicht anerkennen und durch eine neue Verfassung ablösen wollen, sind gleichzeitig jene, die gerade auf dieses gesetzlich festgeschriebene Widerstandsrecht pochen. Genutzt wird, was der eigenen Argumentation dient. Und so beginnt die Argumentation von vorn: »Eine Verfassung ist unbedingte Voraussetzung für einen souveränen Staat. Eine Verfassung muss in jedem Fall in einer Wahl vom Volk bestätigt werden …« [ts]

Verschwulung

Während der einzelne Schwule (▸ schwul) mitunter als besonders schutzbedürftiges Wesen gilt, handelt es sich bei Verschwulung um einen Vorgang, welcher analog zur Gehirnwäsche auf die gründliche Genitalwäsche des deutschen Mannes abzielt (▸ Genderwahn). Lebensweltlich schlägt sich die Verschwulung jedoch nicht in einer massiven Zunahme homosexueller Geschlechtsakte nieder, sondern vielmehr in einem diagnostizierten Rückgang in den Lebensbereichen Schlägereien, dicke Eier und Rechthaben. Es handelt sich somit um eine auf heterosexuelle Männer anzuwendende Steigerungsform des Vorwurfs der Verweichlichung.
Akif Pirinçci nannte seine 2015 erschienene Suade *Die Große Verschwulung*. Dem Neologismus wird von Kritikern in Klangfarbe und Inhalt eine Nähe zu einer Wortschöpfung des 19. Jahrhunderts, der Verjudung, nachgesagt. Gemein ist beiden Begriffen ihr Verweis auf eine angenommene Degeneration und einen Verfallsprozess. Bei der Verjudung jedoch wurde einer Minderheit unterstellt, für den Verlust von ▸ Werten, Eigentlichkeit und ▸ Kultur verantwortlich zu sein und die Machtübernahme anzustreben. Ähnlich gelagerte Vorwürfe gibt es zwar auch, diese werden jedoch nicht unter Verschwulung verschlagwortet, sondern unter Homolobby. Mit Schwulen als Homosexuellen hat Pirinçcis Buch daher auch nur am Rande zu tun. Sie dienen lediglich in der Form des Klischees vom übersensiblen und dekadenten Schwulen als Kontrastfolie, wie man als echter Mann nicht zu sein hat. Im Untertitel heißt der Text deshalb: »Wenn aus Männern Frauen wer-

den und aus Frauen keine Männer«. Das Buch dreht sich vor allem um die wachsende Orientierungs- und Hilflosigkeit älterer Herren sowie die Empörung darüber, dass es Frauen in Führungspositionen oder mit eigenem Willen gibt (▸ deutsche Frau). Die empirische Grundlage für die Thesen ist wackelig: »Jedenfalls habe ich noch keine Frau in meinem Leben getroffen«, sinniert Pirinçci, »die einen Luschi im Bett haben wollte.«

Während allerdings der Komplementärbegriff zur Verjudung die Entjudung war, ist von einer Entschwulung bislang nicht die Rede. Aus diesem Grund wird der (Er-)Lösungsansatz mit wenig gehaltvollen oder elegant verfugten Sinnfragmenten umrissen: »Wir müssen unsere Männlichkeit wiederentdecken. Denn nur, wenn wir unsere Männlichkeit wiederentdecken, werden wir mannhaft. Und nur wenn wir mannhaft werden, werden wir wehrhaft, und wir müssen wehrhaft werden, liebe Freunde!« (Björn Höcke, AfD). [rs]

Verteidigung

Harte Zeiten verlangen ungewöhnliche Maßnahmen. Jahrzehntelang lebte man in Frieden, nun stehen alle Zeichen auf Angriff. Unter Beschuss sind ▸Abendland, ▸Volk, ▸Heimat, die ▸deutsche Frau und natürlich das christliche ▸Europa; Deutschlands Grenzen sowieso. Die Besorgten sehen sich in einem doppelten Verteidigungskampf gegen eine Invasion von außen und gegen zerstörerische Volksverräter im Innern. Gewalt und abgefackelte Flüchtlingsunterkünfte werden mit »Das musste ja so kommen« legitimiert. In der Notwehrfallen-Schockstarre greift auch der vermeintlich Besonnenste zur Mistgabel. Die Schuldfrage ist ohnehin geklärt: Verantwortlich ist, wer die Notwehr unerlässlich gemacht hat, also Merkel, die den Volkszorn geplant und vorbereitet habe (▸ Danke, Merkel!). Als der MDR zu den Dresdner Sprengstoffanschlägen Ende September 2016 berichtete, musste die Redaktion zahlreiche Kommentare auf ihrer Facebookseite löschen, darunter »vielleicht muß man es so machen bis die an der regierung was begreifen«. Schon Kindern wird gesagt, dass, wer nicht hören will, fühlen muss. [fr]

Volk

Vom Volk sprechen heißt, eine Kampfzone zu betreten. Gerade mit dem abgenutzten Spruch »Wir sind das Volk« schreibt sich in die Debatte eine gefährliche Geste der Universalisierung ein, steckt in ihr doch die falsche Annahme, für alle, für das ausgeschlossene Ganze des Volkes zu demonstrieren. Das verleiht den besorgten Bürgern ihre Aggressivität: Sie glauben vermutlich eher instinktiv als absichtlich, auch alle anderen Volksgenossen zu repräsentieren und werden umso wütender, wenn diese sich nicht einfach vereinnahmen lassen.

Eigentlich liegt das Problem des Volkes, genauer: das Problem des Begriffs, ein Stück tiefer, weil die Frage zu klären wäre, wer genau das Volk eigentlich ist und wen der Begriff ein- oder ausschließt. Im besorgten Vokabular sind die Dinge simpel: Zum Volk gehören alle, die man in alter völkischer Manier zur gedachten Abstammungsgemeinschaft zählt. Volk hat auch noch eine andere Kontur. Die Demokratie etwa, die ja gern mit Volksherrschaft übersetzt wird, ist eine schlechte Art der Regierung, argumentierte einst Platon. Das Demos war eine Vielheit, eine Masse von Menschen in einem Verwaltungsbezirk, die vom Geschäft der guten Regierung nichts verstünden – zu unterschiedlich, egoistisch und folglich ungerecht. In Platons Schatten galt die Regierung der Vielen lange Zeit als schlecht, weil sie nicht für das Gemeinwohl eintreten könne. An der berühmten Wiege der Demokratie hatte niemand eine Idee davon, dieses Demos als biologisch verknotete Einheit auf einer angeblich für sie immer schon reservierten Scholle zu verstehen. Vielmehr stand das Volk für die Masse der männlichen und freien Stadtbewohner, die nicht zum Adelsstand gehörten und denen kein gottgegebenes oder natürliches Privileg zukam. Das Demos in der Demokratie kannte im alten Griechenland keine ethnische oder nationale Grenze.

Im deutschen Sprachraum tauchte das Wort Volk erstmals in jener Zeit auf, die Mittelalter genannt wird, und bedeutete soviel wie Menge. Es ist verwandt mit voll, viele oder Pulk. Auch hier spielte eine Logik der Abstammung noch keine Rolle. Vielmehr setzte sich das Volk aus den infamen Menschen zusammen, aus den Dorf- und Stadtbewohnern ohne staatstragende oder klerikale Position. Es war eine soziale Schicht ohne Rang und Namen. Gott hatte für diese Menschen keinen bedeutenden Platz vorgesehen. Das Volk umschrieb die vermeintlich indifferente Menge der Schäfchen, die von Zeit zu Zeit Widerstand gegen ihre Hirten, gegen Staat und Klerus, leisteten.

Noch heute finden sich Spuren eines, wenn man so will, sozialen Volksbegriffs: Das Attribut populär, das vom lateinischen *populus* stammt und als Popkultur keine ethnischen oder nationalen Grenzen kennt; der Plebs, das niedere und ungebildete Volk, das sich dem Klischee

nach überall finden lässt; oder der Pöbel, ein Wort, das ebenfalls auf einen Mangel an Bildung und Kultur abstellt, ohne Volksgruppen zu unterscheiden.
Erst im letzten Drittel des 19. Jahrhunderts nahm ein biologistisches Denken den Volksbegriff auf und bettete ihn in eine Abstammungslogik, die dem Phantasma einer geschlossenen, natürlichen Gemeinschaft nachjagte. Der Kurzschluss von Volk und Abstammung funktioniert bis heute nur vor dem Hintergrund von Rassentheorien, weil nur so eine biologische Einheit beziehungsweise eine natürliche Ordnung angenommen werden kann. Seither überlagert das nationale Volk, die vorgestellte biologische Gemeinschaft den älteren Begriff, der mit Masse, Vielheit und Widerstand »gegen die da oben« verbunden war.
Die besorgten Bürger schließlich formieren sich um einen biologistischen Begriff von Volk und spielen die ältere Bedeutung nur aus, wenn es gerade passt: Wenn es gegen »die da oben« geht und man sich als Ausgebeutete und Abgeschobene inszenieren will. [rf]

völkisch AfD-Chefin Frauke Petry begab sich im Sommer 2016 unter die Sprachlenker. Ihr Plan: den Begriff völkisch »wieder positiv besetzen« und von seiner »Ächtung« befreien. In »wieder positiv« steckt die falsche Annahme, dass der Begriff einst flächendeckend positive Bedeutung hatte. Anfang des 20. Jahrhunderts erscheint völkisch nur in Zusammenhang mit Rassenkunde und -lehre. Die Suche im Digitalen Wörterbuch der Deutschen Sprache ergibt, dass völkisch bis Ende des 19. Jahrhunderts keine Rolle spielte, dann einen steilen Anstieg im Gebrauch erfuhr, der nach der Mitte des 20. Jahrhunderts abebbte. Den Niedergang dokumentiert auch das Deutsche Referenzkorpus, das nach 1945 in geschriebenen deutschen Texten unter 29 Milliarden Wörtern nur 13.000 Mal völkisch findet. Am häufigsten als Adjektiv steht völkisch vor Beobachter, Nationalismus, Flurbereinigung, Ideologie, Musikerziehung, Gesamtbewegung, Rassismus und Weltanschauung. Adverbial steht es am häufigsten mit deutschnational, nationalsozialistisch, rassisch, nationalistisch, rassistisch, vaterländisch, antisemitisch, national und staatlich.
Petry tut ganz naiv, wenn sie behauptet, wie politisch sich von Politik ableitet und soviel meint wie »die Politik betreffend«, sei völkisch lediglich »das Volk betreffend«. Das stimmt nicht, völkisch bezeichnet etwas anderes: »Die Stimmung im Volk ist schlecht« mag noch wie ein

Satz aus einem Märchen klingen, den der höfische Berater dem König ins Ohr raunt. Eine gänzlich verschiedene Bedeutung hat dagegen der Satz: »Die völkische Stimmung ist schlecht«.

Nun erhalten Wörter ihre Bedeutung nicht aus sich selbst heraus, sondern aus dem Gebrauch. Wenn schon ▸Volk kein neutrales Wort ist, kann völkisch nicht einfach so, quasi über Nacht, positiv werden. Schon gar nicht erhält ein Wort eine neutrale oder positive Semantik, bloß weil Petry es befiehlt. Warum das Thema der AfD-Chefin dermaßen unter den Nägeln brannte, mag an der Medienaufmerksamkeit liegen, die bei derartigen Provokationen zu erwarten ist. Vielleicht glaubt sie aber wirklich daran, Begriffe, die aus gutem Grund – weil Nazisprech – nicht positiv besetzt sind, salonfähig machen zu können. [fr]

Volksgemeinschaft

»Da muss man die deutsche Sprache komplett verbieten, wenn man alles nicht mehr sagen darf, was auch die Nazis benutzten.« So lautet ein beliebter Einwurf auf den Hinweis, jemand bediene sich einer Nazirhetorik. Natürlich wurden nicht Worte wie Brot, Butter, Wurst beanstandet. Bei der Volksgemeinschaft werden zwei Strategien benutzt, um sie wieder verbal salonfähig zu machen, und zwar einerseits auf naive Tour (»Was ist an den Worten ›Volk‹ und ›Gemeinschaft‹ so schlimm?«), andererseits mit Verweis auf den angeblich unproblematischen Begriffsursprung.

Volksgemeinschaft ist keine NS-Erfindung. Der Begriff wurde schon im Ersten Weltkrieg zusammen mit dem Burgfrieden populär: Innenpolitische Auseinandersetzungen seien auf die Dauer des Kriegs einzustellen, der alle Kraft fordere. Hier kommen martialische Hochstimmung und nationaler Taumel zum Ausdruck. Auch nach dem Krieg benutzte etwa Reichspräsident Friedrich Ebert die Volksgemeinschaft, um die Reichseinheit und die Zugehörigkeit der Arbeiterklasse zu beschwören. An solchen Inklusionsmomenten war die Definition der Volksgemeinschaft von rechts nie interessiert. Hier dominierte das Ausschlussprinzip; es ging darum, wer alles nicht zur Volksgemeinschaft zählt. Im Programm der NSDAP hieß es 1920: »Staatsbürger kann nur sein, wer Volksgenosse ist. Volksgenosse kann nur sein, wer deutschen Blutes ist, ohne Rücksichtnahme auf Konfession. Kein Jude kann daher Volksgenosse sein.« Mit dieser exklusiven Volkskörpervorstellung gingen Konzepte wie »Rassenschande« und »Volksschädlinge«

einher, die zu Verfolgung, Vertreibung und Mord jener führten, die nicht zur Volksgemeinschaft zählten. Das Wort hatte lange keine Konjunktur mehr, auch wenn diese Ausschlussfunktion mit dem Hinweis auf ▸ Passdeutsche erfüllt wurde.

Zu Weihnachten 2015 rief die AfD Sachsen-Anhalt die Menschen dazu auf, über die »Verantwortung für die Volksgemeinschaft« nachzudenken. Der Landeschef André Poggenburg fragte ernsthaft, warum »einige völlig unproblematische und sogar äußerst positive Begriffe nicht benutzt werden« sollten. Ein Leserkommentator auf der Seite der *Tagesschau* sekundierte: »Für mich ist der Begriff Volksgemeinschaft nicht verwerflich. NS-Regime hin oder her. Was sind wir denn, wenn keine Volksgemeinschaft? Sind wir kein deutsches Volk?« [tp]

Volkstod

▸ Umvolkung

Volksverdünner

Die Besorgten sind aufgebracht ob der ▸ Umvolkung. Die ▸ Invasionsarmee der Flüchtlinge wird dafür rekrutiert und von linksgrünversifften Volksverdünnern in Stellung gebracht. Gemeint sind vor allem Politiker, die nicht grundsätzlich gegen Flüchtlinge wettern; unabhängig von ihrem tatsächlichen Mitwirken an Asylgesetzgebung oder europäischer Außenpolitik. Joschka Fischer ist »Volksverdünner und Steineschmeißer a. D.«; die »Linksgrünen« brauchen die »Masse an Zuwanderern zum Zwecke der Volksverdünnung«. Sogar Beiträge der CDU werden als »Begleitgelaber der volksverräterischen Volksverdünner« bezeichnet. Man wettert und schimpft, bis die Pumpe streikt.

Apropos Herzrasen: Die Medizin setzt lebenswichtige Blutverdünner ein. Blut als Körperflüssigkeit, nicht als völkisches Element einer Blut-und-Boden-Euphorie. Diese gerinnungshemmenden Medikamente beugen mitunter Schlaganfällen vor, da sie verhindern, dass im unverdünnten Blut Gerinnsel entstehen, die zu Arterienverstopfung führen können. Gar nicht so schlecht. Was offenbar bei all der Metaphernhuberei nicht mitbedacht wurde, ist die Umkehrung des Bildes: Besorgte verstopfen die Arterien des deutschen Volkskörpers und verklumpen. Schlaganfall. Ende. Volkstod. Sprachlich ist das äußerst dünne. [ng]

Volksverräter Ein Verräter ist, wer eine Geheimsache oder einen verschworenen Bund auffliegen lässt. Loyalität und Vertrauen wurden gebrochen. Allein dies reicht, um den besorgten Lieblingsbegriff zu überführen. Wenn es möglich ist, ein ▸Volk zu verraten, dann muss dieses Volk eng verbunden sein, Loyalität und unbedingten Einschluss verlangen. Mit einem Wort: ▸völkisch. Wer es verrät, fliegt raus. Allein dem Begriff nach hat Volksverräter nichts mit modernen Gesellschaften gemein, die bestenfalls Vielheit integrieren und soviel individuelle Freiheit wie möglich gewährleisten. Es braucht ein von allen geteiltes Geheimnis, das verraten werden kann.

Für Besorgte sind Volksverräter, die nicht ums Wohl der organischen deutschen ▸Nation fürchten und der ▸Umvolkung ins Auge sehen – also alle außer ihnen selbst. Das Hetzblatt *pi-news.net* hat gar eine eigene Kategorie dazu, in die unzählige Politiker und Politikerinnen fallen. Dass Volksverrat erstmals als Straftatbestand im Naziregime auftauchte, ist kein Zufall. [rf]

Wahrheit Die Sache mit der Wahrheit war schon immer kompliziert. Üblicherweise unterscheidet man zwischen einer profanen und einer philosophischen Version. Profan: Es ist wahr, dass der Boden nass wird, wenn es regnet. Was es jedoch mit dem philosophischen Wahrheitsbegriff auf sich hat, ist deutlich unklarer, und die Debatten seit Platon haben eine schwindelerregende Komplexität erreicht – ohne freilich Licht ins Dunkel zu bringen. Neuere Theorien sprechen schließlich oft davon, dass es die Wahrheit nicht gibt und formulieren dabei unweigerlich selbst eine. Den besorgten Bürgern scheint dies alles jedenfalls zu verworren, was sie allerdings nicht davon abhält, notorisch auf Wahrheit abzustellen.

Die Rede von der Wahrheit funktioniert hier als logische Umkehrung der Schmähung ▸Lügenpresse – beide zusammen liefern eine Art Bekenntniszwang: Entweder man glaubt oder man glaubt nicht. Schattierungen und Unklarheiten werden mithilfe dieser zwei Begriffe beinahe gewaltsam ausgetrieben. Angela Merkel führe ein »Wahrheitsministerium«, das Journalisten anweise, »nur positiv über Flüchtlinge und die Flüchtlingspolitik der Regierung zu berichten«, keilte es von der Dresdner Pegida-Bühne. Wenn das besorgte Wahrheitsmonopol wackelt, zaubert die verschwörungstheoretische Trickkiste eine falsche Wahrheit hervor, in deren Licht die eigene um so schöner erstrahlt. Die wechselseitige Verwendung von Wahrheit und Lüge in ihrer brutalsten Verallgemeinerung führt dazu, noch so auffällige Widersprüche aushalten und beiseitewischen zu können: Jeder sachliche Einwand stammt aus der Feder des Wahrheitsministeriums und seiner vielen Agenten; jedes noch so verdrehte eigene Argument muss stimmen, weil es sich der allgemein herrschenden Lüge aufopferungsvoll entgegenwirft. Damit hilft der Wahrheitsbegriff dem besorgten Bürger, unterschiedlich plausible oder unplausible Behauptungen der Verhandlung zu entziehen. So kommt es dann, dass mit ihm Einwände abgeschmettert, Debatten abgewürgt und Zweifel weggefegt werden. »Mut zur Wahrheit« steht nicht zufällig auf jenen Plakaten, die vom *Compact*-Magazin um Jürgen Elsässer produziert werden. Inhaltlich bleibt die Flasche leer: Für welche Wahrheit braucht es denn Mut? Eine solche Haltung jedenfalls, die alle Argumente biegt, bis sie ins Weltbild passen, ist landläufig bekannt als paranoid. [rf]

Weihnachten

Zum hohen Fest ist den Leuten kein Weg zu weit, um sich im Kreise der Lieben unter die geschmückte Tanne zu setzen und in trauter Runde Gänsebraten oder Kartoffelsalat mit Würstchen zu verspeisen. Die Fast-Eltern auf Herbergssuche geben nur den Rahmen, der aber lästig zu werden droht, wenn der Pfarrer im ausnahmsweise übervollen Heiligabend-Gottesdienst darauf hinweist, dass Jesus kein Deutscher und noch dazu so etwas wie ein ▸Flüchtling war. Die Deutschlandhasser wollen sogar diesen Hort des Friedens und der Selbstvergewisserung, der Völlerei, der Hausmusik und des gepflegten Familienstreits zerstören.
Los geht das schon im Advent mit den Weihnachtsmärkten, Schauplätze abendländischer Rituale um Glühwein und Riesenbratwurst. Weil alle Neuankömmlinge Muslime sind und mit einem Islamisierungsauftrag in der Tasche in der BRD aufschlagen, müssten die Weihnachtsmärkte nun in Winterfeste umbenannt werden, sonst drohe die Schließung. Dies ist zwar nirgendwo geschehen, die Mär davon verbreitete sich 2013 dennoch, und ziemlich schnell war von einem »Weihnachtsverbot« die Rede. Ein Blogbeitrag schrieb von nicht weniger als »Hochverrat am Volk« (▸Volksverräter) und *PI-News* vom »Kniefall vor den Invasoren« (▸Invasionsarmee). Tatsächlich war in Berlin schon 2007 das Fastenbrechen während des Ramadans als öffentliches Fest

untersagt worden, weil es sich dabei um eine Selbstdarstellung einer religiösen Gemeinschaft in der Öffentlichkeit handelt, was dort nicht gestattet ist. 2014 gab es eine neue Erregungsschleife von CSU über *FAZ* und *BamS* bis zu Pegida, die die erfundenen Verbote von Weihnachtsmärkten skandalisierten. Ausgelassen wurde dabei, dass der Beschluss aus dem Jahr 2007 bislang nur muslimische Feiern eingeschränkt hat. Daraus ist das Märchen vom Moslem erwachsen, der Weihnachten zerstören will, hier und da mischte sich ein Verweis auf die ▸USA unter, die als Beispiel für eine kaputte Kultur durch zu viel Anpassung an Minderheiten herhalten müssen: An dortigen Universitäten sei es untersagt, ein Frohes Fest zu wünschen. Solche Zustände kann hierzulande niemand wollen. Verhindert werden sie, so wird nahegelegt, wenn Muslime verhindert werden. [fr]

Wende

Die ▸89er-Ereignisse (▸Mauer), auf die sich die Besorgten beziehen, als hätten sie diese selbst herbeigeführt, Wende zu nennen, ist problematisch. Allein schon, weil der Kurzzeit-DDR-Staatsratsvorsitzende Egon Krenz den Begriff prägte. Zudem ist er zu nah dran an der »geistig-moralischen Wende«, die Helmut Kohl als deutscher Kanzler einleiten wollte. Die Erinnerungspolitik sollte sich vom Fokus auf den Nationalsozialismus lösen. Das geschah unter Kohls Kanzlerschaft nicht, aber hier fühlen sich die Besorgten abgeholt. Auch für sie muss ein Ruck durch Deutschland gehen. Rechtsruck und Kehrtwende: Alte ▸Werte braucht das Land. »Ich möchte mein altes Deutschland wiederhaben«, wehklagte Akif Pirinçci im *ZDF-Morgenmagazin*.

»Eine grundsätzliche politische Wende in Deutschland« verlangen die Unterzeichner der »Erfurter Resolution« von der AfD und erklären, dass dieser »Einsatz zu echten Auseinandersetzungen mit den ▸Altparteien, den Medien und den Trägern der verheerenden Gesellschaftsexperimente führen wird«. Die Besorgten klammern sich mit einem Schlagwort an die Hoffnung auf *Regime Change* und die Wiederkehr der 1950er Jahre: Wende 2.0. [tp]

Werte

Besorgte sind umstandslos in ▸Verteidigung ihrer (alten, deutschen oder europäischen) Werte unterwegs. Klingt einfach, ist es aber nicht. Diese Worthülse, die sich aufs sittlich-moralisch Gute bezieht, erlaubt es, Form und Inhalt beliebig zu wechseln.

Dass der Wertbezug im Umfeld besorgter Bürger auf ein (falsches) Idealbild der 1950er Jahre verweist, wird in vielen Bereichen deutlich: ▸Familie und Erziehung, Geschlechterrollen und Homosexualität etc. Bizarr ist, dass es zwischen diesem reaktionären Wertekanon und den Wertvorstellungen einiger Geflüchteter zum Teil Überschneidungen gibt. Die angeblichen Zerstörer der deutschen ▸Kultur sind in Bezug auf Werte mitunter nah bei Höcke & Co. Das betrifft zwar wahrlich nicht alle, weil die Gruppe der Flüchtlinge heterogen ist. Es zeigt allerdings, dass die stereotype Front »wir gegen die« auch in Bezug auf Sitten- und Moralvorstellungen nicht funktioniert.

Dass üblicherweise Werte wie Toleranz und Respekt Fixpunkte einer aufgeklärten und demokratischen Welt sind (oder sein sollten), zu der sich Besorgte immer noch zählen, klingt ebenso banal. Wer allerdings Homosexualität für widernatürlich hält, Frauen vorrangig hinterm Herd verortet und eine positive Identifikation mit der deutschen Geschichte einfordert, liegt ganz offenbar quer zu den Errungenschaften, die oft mit dem Attribut westlich umschrieben werden.

Der besorgte Bezug auf Werte ist also doppelbödig. Einerseits spielt er mit einem Wort, das vor allem in Verbindung mit westlich oder aufgeklärt zeitgemäß klingt. Dahinter stecken allerdings teils knüppelharte Vorstellungen von Moral. Carl Schmitt – mit dem alten Freund-Feind-Denken Stichwortgeber der neuen Reaktionären – hat recht treffend beschrieben, warum die Rede von den Werten mit dem Versuch zusammenhängt, sich auf Krawall und ohne Spielraum durchsetzen zu wollen: »Wer Wert sagt«, schreibt er in *Die Tyrannei der Werte*, »will geltend machen und durchsetzen. Tugenden übt man aus; Normen wendet man an; Befehle werden vollzogen; aber die Werte werden gesetzt und durchgesetzt.« [rf]

Wirtschaftsflüchtling

Not und Elend reichen den Besorgten nicht, um anzuerkennen, dass Menschen Asyl suchen. Höchstens Krieg mag als Fluchtgrund gelten. Doch selbst der wird mitunter in Abrede gestellt, da entweder alles erlogen ist oder gerade die jungen Männer besser für ihr Land kämpfen sollen. Unabhängig davon, dass wohl kaum jemand seine eigenen Söhne und Töchter ins Schlachtfeld schicken würde, fragt keiner der Besorgten ernsthaft nach, warum zunächst die

jungen Männer und nicht die alten Frauen oder die Mütter mit kleinen Kindern die oft tödliche Fahrt über das Mittelmeer wagen.
Jenseits eines unmittelbaren Kriegsgemetzels akzeptieren die Besorgten nichts. Dass in vielen Ländern Homosexuelle oder politische Aktivisten mit dem Tod rechnen müssen, geht an Egoismus und Empathielosigkeit vorbei. Genau diese Eigenschaften erlauben es auch, von Wirtschaftsflüchtlingen zu reden und damit vielen Asylsuchenden einen echten Fluchtgrund abzusprechen.
Das Wort Wirtschaftsflüchtling wurde zunächst nicht grundsätzlich negativ verstanden, sondern sollte einen konkreten Grund für eine Flucht deutlich machen und stand neben Kriegsflüchtling oder politischer Flüchtling. Spätestens in den frühen 1990ern änderte sich die Konnotation in eine Abwertung. Nun wurde behauptet, es gebe für diese Menschen gar keine Fluchtgründe; sie kämen nur hierher, um sich einen Lenz zu machen, die Sozialhilfe an ihre Verwandten nach Afrika zu schicken und den Sommer im Norden, den Winter im schönen warmen Süden zu verbringen. Dass Hunger und Armut in vielen Ländern der Welt auf Europas Wohlstand zurückgehen, wird entweder komplett ignoriert oder scheinheilig mit dem Slogan »Fluchtursachen bekämpfen« weit von sich geschoben. Denn bis Fluchtursachen tatsächlich bekämpft sind, ist das reiche Europa eigentlich in der Pflicht, Menschen vorm Verhungern zu schützen.
Während der Deutsche am Grill bei Bier und Steak über die Habgier der ▸Asylanten hetzt, sortiert er mit dem Label Wirtschaftsflüchtling Menschen. Die guten ins Töpfchen, die schlechten ins Kröpfchen. Dabei muss die Frage erlaubt sein, was schlimmer ist: im Krieg sterben oder in Frieden verhungern? Schließlich: Dass Wirtschaftsflüchtlinge statistisch gesehen einen positiven Einfluss auf die hiesige Wirtschaft haben, weil sie Mehrwert generieren, fällt der besorgten Ignoranz zum Opfer. [ng]

Zigeunerschnitzel

Rassismus geht durch den Magen. Das jedenfalls muss man annehmen angesichts hochkochender Kommentare und Facebook-Posts, die das kulinarisch Unsagbare verteidigen. »Schaumküsse« wird verweigert, weil man an »Negerküssen« und »Mohrenköpfen« festhält (▸Neger). Das »Zipfelmännchen« hätte bei Penny den Weihnachtsmann ersetzt, hieß es fälschlicherweise Ende 2015 (▸Weihnachten).

Dass Sarotti sein Markenzeichen schon vor mehr als zehn Jahren optisch und dem Namen nach in einen »Zauberer der Sinne« verwandelte, ist bis heute nicht jedem aufgefallen. Immer wieder kommt als Einwand, an der althergebrachten Bezeichnung einfach nicht rütteln zu wollen.

Auch Zigeunerschnitzel und Zigeunersoße sehen Besorgte als tief verankerte deutsche Kulturgüter an, die nur diese Namen verdienten. Paprikaschnitzel oder -soße komme ihnen gar nicht in die Tüte beziehungsweise auf den Teller. Nur, das hat der Linguist Anatol Stefanowitsch auf *Sprachlog.de* dargelegt, ist die Bezeichnung »Zigeunerschnitzel« zuerst in einem Kochbuch aus dem Jahr 1957 greifbar. Und wie hieß das Rezept zuvor? »Diese politisch korrekten Gutmenschen des 19. Jahrhunderts nannten das Gericht doch tatsächlich ... Paprika-Schnitzel«, so der Wissenschaftler. »In den selbstzufriedenen fünfziger Jahren des Wirtschaftswunders hatten die (West-)Deutschen ihre jüngere Vergangenheit ausreichend verdrängt, um wieder etwas Exotik in ihre Küche zu bringen. Der Völkermord an den Sinti und Roma war vergessen (er war ja auch schon zehn Jahre her), und die fiktive Romantik des ›Zigeunerlebens‹ konnte wiederbelebt und auf das Paprikaschnitzel projiziert werden. Dass die Sinti und Roma weder mit Paprika noch mit Schnitzel besonders viel zu tun hatten, spielte dabei keine Rolle: Österreich-Ungarische Monarchie, fahrendes Volk, ist doch alles dasselbe – feurige dunkle Menschen aus dem Süden, halt.« Doch sich diskriminiert fühlende Deutschländer-Würstchen, die den Hinweis auf diskriminierende Sprache nicht akzeptieren wollen, hält das nicht vom Furor ab. So ist Peter Hahnes Kolumnensammlung *Rettet das Zigeuner-Schnitzel!* untertitelt mit »Werte, die wichtig sind«. Ein *PI-News*-Leser kommentierte: »Es sollten eher die Zigeuner als die Zigeunerschnitzel abgeschafft werden.« [tp]

Zionisten

»Infiltriert und durch Zionistische Alliierte besetzt«, sei Deutschland, »um das Volk auszubluten und zu Verunreinigen, daher auch kein Friedensvertrag, der Feind soll gequält werden bis es nichts mehr gibt.« So durchgeknallt und offen wie dieser Beitrag im einschlägigen *Honigmann-Blog* – Zionist, Jude, Israeli werden synonym gebraucht – tritt Antisemitismus seltener in Erscheinung. So stimmen zwar knapp 40 Prozent aller Deutschen (Stand: 2012) folgender Aussage zu, judenfeindlich würden sie sich aber nicht nennen: »Die Juden haben einfach etwas Besonderes und Eigentümliches an sich und passen nicht so recht zu uns.« Zionist wird häufig benutzt, um Antisemitismus zu tarnen.

Zionismus entstand als politische Bewegung, um einen jüdischen Nationalstaat zu errichten. Natürlich existieren viele Begriffsschattierungen, aber allgemein gesprochen ist Zionist, wer sich zu Israel bekennt. Kritik an dessen staatlichem Handeln, aber auch Ressentiment gegen *die* Juden, wird daher als antizionistisch verkauft, oft genug steckt Antisemitismus dahinter. Dieser ist auf kein politisches Spektrum beschränkt, aber bei Nazis und Besorgten besonders ausgeprägt. Der niederländische Rechtsausleger Geert Wilders erntete wenig Beifall und entsetzte Gesichter, als er vor maulenden Dresdnern Israel lobte.

Der Zionist ist der Weltenlenker, gestern wie heute als Krake dargestellt, der die Welt im vielarmigen Würgegriff hält. Zionisten bestimmen die Geschicke der ▸USA und von dort aus die des ganzen Planeten. »Der Amerikanismus«, schreibt der baden-württembergische AfD-Abgeordnete Wolfgang Gedeon in einem Buch, ist ein »politischer Glaube«, »nicht mehr der christliche Glaube vom jenseitigen Gottesreich, es ist der alte jüdische Glaube vom neuen irdischen Jerusalem.« Gedeon verteidigte auch die »Protokolle der Weisen von Zion« als vermutlich echt. Dabei ist seit 1921 bewiesen, dass es sich bei der angeblichen Abschrift eines jüdischen Plans zur Weltherrschaft um eine Fälschung handelt. Trotzdem kursieren sie teilweise auch unter Besorgten als Beweisschrift.

Sich klar als nicht antisemitisch sehend, reagierte Pegida Bayern: »Für uns ist es, wie auch unsere Verhaltensregeln sagen, völlig unwichtig, welche unbekannten Mächte im Hintergrund vielleicht Fäden ziehen.« Pegida Bayern hatte mit einer Fotomontage geworben, in der sie der Kanzlerin einen Davidstern auf die Schirmmütze geklebt hatten. Nach Medienberichten über das Bild entfernte man es und rechtfertigte sich: »Selbst wenn man vermutet, dass Angela Merkel (...) stark durch polnisch-jüdische Wurzeln geprägt sei und dass dies etwas erkläre, ergibt es keinen Sinn, die entsprechende Symbolik auf eine Mütze zu montieren. Okkulte Mächte setzen ihre Symbole per Definition nicht sichtbar auf Mützen.« Schlau, diese Zionisten, aber die Besorgten gehen ihnen nicht auf den Leim. [tp]

Zitate George Orwell ist Autor des bekannten Romans *1984* sowie kleinerer Werke wie *Farm der Tiere* oder *Mein Katalonien*. *1984*, veröffentlicht 1949 als Kritik an der damaligen Sowjetunion, hält heute als Blaupause auch für Besorgte und Neurechte her. Da viele das Buch aber gar nicht lesen wollen, wird der Mangel an Argumenten selektiv mit Zitaten kaschiert. Ein Problem daran ist, dass nur zu gerne Passagen herausgegriffen werden, die weder aus *1984* stammen, noch überhaupt im Gesamtwerk Orwells zu finden sind. Stattdessen handelt es sich schon mal um falsch zugeschriebene Stellen, die ein US-amerikanischer Journalist in den 1980er Jahren geschrieben hat, oder um frei erfundene Texte, die der jeweilige Verbreiter des nun orwellschen Zitats selbst schrieb. Was auch immer man von Orwell zitieren lässt, ist eingehüllt in den schweren Mantel der voraussehenden (und dystopischen) Geschichte.
Ein Beispiel: »›Je weiter sich eine Gesellschaft von der ▸Wahrheit entfernt, desto mehr wird sie jene hassen, die sie aussprechen.‹ – George Orwell.« Von Orwell ist das nicht, passt aber so herrlich ins besorgte Denken. Und es wird schon keiner merken.
Falsche Zitate betreffen allerdings nicht nur Orwell, sondern sind mittlerweile ein verlässliches Stilmittel »aufklärerischer« und »investigativer«, also zumeist verschwörungstheoretischer Webseiten. Je wilder diese »Aufklärer« mit solchen Zitaten konspirieren, desto mehr hinkt die Quellenanalyse hinterher. So verbreiten sich die Textpassagen verlässlich und die tatsächliche Aufklärung wird zur Sisyphusarbeit. [ts]

Ein Volk, ein Reich, kein Syrer

Ein Gespräch mit Georg Seeßlen und Klaus Theweleit, Moderation Marit Hofmann*

Klaus Theweleit: Argumente helfen nicht gegen Ressentiments. Argumente sind vor allem dazu da, den, der sie vorbringt, selber davon zu überzeugen, das Richtige zu vertreten. Weiter überzeugt man mit Argumenten nur die, die schon vorher den vorgebrachten Argumenten anhingen. Politische Argumentationen sind grundsätzlich Selbstbefriedigungen. Was nicht unbedingt schlecht ist. Die eigenen Positionen bedürfen durchaus einer ständig neuen Unterfütterung durch Tatbestände, Statistiken, neue Wahrnehmungen etc.; damit man wenigstens selber fundiert glauben kann, was man anderen erzählt.
Georg Seeßlen: Argumente haben freilich immer auch einen performativen und einen experimentellen Charakter. Jedes Argument stellt zugleich auch eine Machtfrage: Was darf gesagt werden? Was darf ich sagen? Welche Sprachen und welche Medien kann ich benutzen? Welche Adressaten gibt es? Die Faschisten haben die taktische Verwendung von Sprachformeln und Sprechweisen schon immer perfekt beherrscht. Dieses »Das wird man doch noch sagen dürfen«, mittlerweile ein bisschen kabarettistisch vernutzt, heißt ja eigentlich: »Wir dürfen das sagen, weil wir die Macht dazu haben.« Diese Macht des öffentlichen Sprechens darf nicht den Rechten überlassen werden –
Theweleit: – wird sie ja auch nicht. Alle, Linke oder Rechte oder sonst welche Richtungswesen quasseln, gleichzeitig machtvoll wie ohnmächtig, ihren Sermon in die zur Verfügung stehenden Kanäle –
Seeßlen: – schon gar nicht darf man sich auf eine rein defensive Position festlegen lassen. Man könnte »Argument« auch mit offensivem politischem Sprechen übersetzen.
Eine andere Frage ist, ob es eigentlich, was die Flüchtlinge anbe-

---

* Dies ist die gekürzte Fassung eines Gesprächs, das zuerst in der Zeitschrift *Konkret* 3/2016 erschienen ist.

langt, überhaupt Argumente braucht. Wäre nicht Menschen zu helfen eine schiere Selbstverständlichkeit, und allein ein Suchen nach Argumenten schon ein Zugeständnis? Es gilt vielmehr zu erklären, wie auch in der Rhetorik die Empathie vernichtet wird. Die beiden Aussagen kommen sich ein bisschen in die Quere, ich weiß. Mit einem Pegida-Anhänger kann ich keine Argumente austauschen, weil es keine gemeinsame demokratische Plattform für eine Debatte gibt. Eine Talkshow ist kein demokratisches Forum.

Theweleit: Nicht auch, sondern gerade in der Rhetorik wird jede Empathie vernichtet. Man muss dann »schiere Selbstverständlichkeit« sagen (das ist dann Rhetorik), wo das Wort Selbstverständlichkeit genügen würde. Argumentationshilfen sind aber hilfreich, sehr sogar. Einen Pegida-Typ oder eine -Typin wird man allerdings nicht von seiner oder ihrer »Die wollen ja alle nur nach Deutschland«-Rede abbringen, indem man ihnen darlegt, dass Europa doch nur einen sehr geringen Anteil an Flüchtlingen aufnehme; dass über drei Millionen Syrer im Libanon und in der Türkei darauf warten, baldmöglich wieder in ihr Land zurückkehren zu können. Ressentiment-Leute wie Pegida argumentieren grundsätzlich nicht; genausowenig wie religiöse Leute. Man hat das Prinzip des Kontrafaktischen (Bazon Brock) nicht kapiert, wenn man glaubt, man könne da argumentieren. Jeder tiefreligiöse Mensch, jeder Neonazi, alle Pegida-Fuzzis wissen doch, dass es Quatsch ist, den sie erzählen. Das ist ihr unschätzbarer Vorteil: dass das Kontrafaktische all ihren Äußerungen die Basis gibt. Es braucht nicht zu stimmen, was sie erzählen. Das eröffnet die Freiheit, alles zu behaupten, was immer ihnen in den Sinn kommt oder ihnen geboten erscheint – eine unschätzbare Freiheit. Jungfrauengeburt? Aber klar (haha). Arbeitsplätze wegnehmen? (Haha). Wenn man so etwas zur Grundlage des eigenen Glaubens erklärt, kann man, im Kontext der Gleiches Glaubenden, behaupten, was immer man will. Das Kontrafaktische (also das Ressentiment) besteht darin, die Möglichkeit von Einwänden prinzipiell unmöglich zu machen.

Also: Argumentieren Sie ruhig mit Pegidas. Sie werden einen Tritt in den Arsch bekommen (und vielleicht aufwachen). Heißt: Die Möglichkeit vernünftiger Arbeit besteht nur in der Eigengruppe beziehungsweise auf gesellschaftlichen Feldern, auf denen man selber etwas bewirken kann. Nicht in der Widerlegung prinzipieller Idiotien. Das ist Zeitverschwendung.

Seeßlen: Völlig richtig. Und das bringt uns vielleicht auch auf ein Versäumnis in unserer ohnehin dürftigen Demokratiegeschichte: Wir haben es verabsäumt, einen semantischen Raum für die Demokratie zu schaffen, und damit eben auch eine Grammatik für das, was man eine demokratische Debatte nennen kann und was nicht.

Theweleit: Ich bin nicht so sicher, ob wir da etwas verabsäumt haben. Die Diskussionskulturen in Schulen, Vereinen, Institutsversammlungen, Familien, Gemeinderäten, Nachbarschaften etc. haben sich doch ganz ordentlich entwickelt in den 70 Jahren seit dem Zweiten Weltkrieg. Aus der aufgezwungenen Demokratie ist in vielen Bereichen eine tatsächlich praktizierte geworden. Stimmen der Kinder und Frauen zählen nicht unbedingt weniger als die der (weltweit) immer noch vorherrschenden Mann-Idioten; ob es eine verbindliche Grammatik dafür geben kann, weiß ich nicht. Aber selbst viele Kneipenrunden sind in ihren Auseinandersetzungen über die Grundgrammatik der Talkshows »Lassen Sie mich ausreden, gefälligst!« weit hinaus.

Seeßlen: Es gibt auch keine Psychogrammatik für das kontrafaktische Reden des Faschismus. Sie glauben nicht, was sie daherbrüllen, aber sie glauben es auch im streng diskursiven Sinn nicht. Die Macht entsteht in einem Echoraum; deshalb erscheint es mir durchaus notwendig, die Ketten der Selbstverstärkung zu durchbrechen. Das Argument dient dann dazu, keinen unschuldigen Anschluss der, sehr komisch, besorgten Bürger zu ermöglichen. Vielleicht kann man nicht einmal die Mitläufer der Mitläufer erreichen, aber das »Wir haben von nichts gewusst« der Mitschweiger muss man nicht zulassen.

Theweleit: Ja, genau. Die Selbstverstärkung im (ungestörten) Echoraum zu durchbrechen, ist eine notwendige Arbeit; unabhängig davon, wen man wirklich erreicht. Wer das Wort Nation benutzt, spricht immer schon aus dem Kontrafaktischen (und weiß es). Alle wissen, dass zum Beispiel die sogenannte deutsche Nation seit Ewigkeiten aus vermischten und sich weiter vermischenden Populationen besteht; sogar die Dresdner wissen das. Sie wollen aus Europa (oder dem, was sie dafür halten) aussteigen. Vor allem: Sie wollen Leute verfolgen; ganz gleich, ob das gerade Flüchtlinge sind oder sonst wer. Was man dagegen tun kann? Europäisch kontranationale Rede stärken, wo immer man kann (wozu gehört, dass man Herrn Schäuble oder Herrn Stoiber, die nie etwas anderes wollten, als Europa zerstören, als die Faschos begreift, die sie tatsächlich sind). Und dass man Verfolgte, in diesem Fall Flüchtlinge, aufnimmt und unterbringt und sie schützt, wo immer man kann. Die zivile oder zivilere Gesellschaft setzt sich immer da durch, wo ihre einzelnen Mitglieder ihre Teilmehrheiten bilden und unbeirrt tun, was sie können: konkret helfen. AfD widerlegen hilft keinem Flüchtling.

Seeßlen: Dass wir es mit politischen Verbrechern zu tun haben, ist überdeutlich. Aber es erklärt noch nicht, was da wirklich abläuft und warum. »Fascism makes you feel good« ist ein skandalös einfacher und wahrer Satz. Ich will die Nazis weder auf die Couch legen, noch sie in ihrer Mythologie begreifen. Aber die Technik, wie sie sich selbst konstruieren, wie sie die Welt konstruieren, wie sie sich selbst ihre Verbrechen verzeihen, das alles interessiert mich schon. Das ist kein gar so realitätsfernes Spiel, wenn man sich vorstellt, dass die nationalen Regierungen in Europa, um eine transnationale europäische Demokratie zu verhindern, die diesen Namen verdient, Faschisierungsprozesse in ihren Gesellschaften dulden, wenn nicht gar fördern. Über welche Bilder, welche Begriffe, welche Besetzungspraxen das abläuft, ist schon wichtig.

Theweleit: Der Punkt ist sehr wichtig: dass nationale Regierungen in der EU Faschisierungsprozesse in ihren Ländern fördern, um eine transnationale europäische Demokratie zu verhindern. Auf der Schiene sehe ich (unter anderem) Seehofer agieren (ganz unsymbolisch).

Marit Hofmann: Nicht zuletzt von Journalisten hört man das Argument, auch für Pegida und die AfD gelte schließlich die Meinungsfreiheit. So darf der Thüringer AfD-Landeschef Björn Höcke bei »Günther Jauch« zur besten Sendezeit öffentlich-rechtlich hetzen. Dagegen steht das alte Antifa-Argument: Faschismus ist keine Meinung, sondern ein Verbrechen. Helfen

gegen Rassismus nur harte Strafen? Braucht es einen verordneten Antifaschismus wie in der DDR?
Theweleit: Die Meinungsfreiheit gilt natürlich auch für AfD und Pegida. Lasst sie doch meinen. Herr Höcke bei Jauch hat alle Menschen, die nicht dem Prinzip des Kontrafaktischen ergeben sind, nur weiter in der Ansicht bestärkt, dass er ein ziemlich unüberbietbares Arschloch ist, ein dummes Ekel. Mehr kann man von Talkshowaufklärung doch nicht verlangen. Meinen, wenn auch andere Redeweisen da sind, müssen sie also dürfen. Auch wenn man ihre Meinungen (zu Recht) für verbrecherisch hält.
Seeßlen: Was eine Meinung ist, was dabei erlaubt ist und was nicht, und wie sie verbreitet wird, das bestimmt weder der Diskurs, noch die Politik, sondern »der Markt« (in Anführungszeichen, weil der Markt auch nur eine Maske für ein komplizierteres und ganz und gar nicht freies Geschehen ist). An das segensreiche Wirken einer unabhängigen Justiz, die, zum Beispiel, die Grenze zwischen einer Meinung und einer Anstiftung zum Verbrechen ziehen würde, glauben vermutlich auch nicht allzu viele Leute. Zumal es zur Taktik des kontrafaktischen Brüllens gehört, jede Sprachregelung durch eine »offene Geheimsprache« zu unterlaufen. Es ist so viel Rassismus, Faschismus, Nationalismus und so weiter erlaubt, wie es sich verkaufen lässt und wie es den Verkäufern nutzt. Insofern ist Meinungsfreiheit ein Begriff, der recht eigentlich nur in einer Demokratie Sinn ergeben würde, die es aber nicht gibt. Zur aufklärerischen Pflicht gehört es deswegen wohl, eine politische Ökonomie des organisierten Rechtsextremismus aufzustellen und die Verflechtungen mit dem Entertainment zu beschreiben.
Theweleit: Nicht alles, was verbrecherisch ist, ist juristisch auch verboten. Die Versuche, die Herren Gerhard Schröder und Joschka Fischer für ihre offenkundigen militärischen Verbrechen bei der Bombardierung Belgrads juristisch zu belangen, sind bekanntlich gescheitert. Die zuständigen Staatsanwaltschaften verweigerten die Anklagen. »Faschismus ist keine Meinung, sondern ein Verbrechen«, ganz recht; aber ein juristisch nicht verfolgbares. Man kann auch *Bild* nicht das Druckrecht entziehen, indem man behauptet, der dortige Journalismus sei

vorsätzlicher Missbrauch der gesetzlich garantierten Pressefreiheit. Obwohl auch das stimmt (was nicht zuletzt die *Bild*-Leute wissen). *Bild* bekämpft man, indem man sie nicht kauft und selber anders öffentlich spricht. AfD und Pegida, indem man sie unbedeutend werden lässt; durch eigenes vernünftige(re)s Wirken.

Seeßlen: Es gibt eine interessante Studie des Max-Planck-Instituts, die darauf hinweist, an wie vielen sozialen Orten das Miteinander von »Einheimischen« und »Migranten« wunderbar funktioniert und wie viele Menschen sich auf ein problemloses Miteinander einstellen würden, wenn ihnen nicht dauernd die Dramaturgie der Spaltung aufgezwungen wäre. Vielleicht sollte man gelegentlich daran erinnern, dass es Leute gibt, die ganz normal, menschlich und freundlich mit anderen Leuten umgehen wollen.

Theweleit: Genau. Es funktioniert dann aber auch nicht gleich wunderbar und problemlos. Vielmehr fangen die (wunderbaren) Probleme erst dann an, reale zu werden, also lösbare.

Seeßlen: Wenn man mal vor Ort war, erkennt man, was für eine trostlose, lächerliche Veranstaltung so ein Pegida-Aufmarsch eigentlich ist. Sieht man dieselbe nachher im Fernsehen, hat man den Verdacht, das müsse eine enorm dramatische Angelegenheit gewesen sein, und diese rhetorischen Giftkasperle hätten wenigstens als Showleute den Bogen raus. Es wäre ein wichtiger Job für die »Lügenpresse«, nicht nur das Bösartige und Gefährliche, sondern auch das Fade und durch und durch Bekloppte dieser Szene zu zeigen. Kontrafaktisch zu brüllen und sich in eine Mordlust zu steigern, hat gewiss nichts mit Meinung zu tun. Zu verbieten ist es trotzdem nicht, es sollte vielmehr so dargestellt werden, wie es ist, als audiovisueller Vandalismus im öffentlichen Raum.

Und dabei schließt sich wieder ein Kreis. Die Märsche und das Reden der Rechtsextremen dienen vorrangig zwei Zielen: Man ist unter sich und baut sich ein regressives, gewaltbereites und empathieloses Wir durch kontrafaktische Bild- und Erzählschnipsel, und man will Angst machen. Dem abwesenden Objekt des Hasses, dem »Asylanten«, dem »Islamisten« – am Ende ist es aber sowieso wieder »der Jude«, nur in neuer Gestalt, der »Volksverräter«, der nicht hart genug ist, und jeder eventuell anwesende Nichthasser. Was wir dem entgegenzusetzen haben, ist Furchtlosigkeit. Furchtlosigkeit auch in einem rhetorischen Sinn.

Theweleit: In welchem Sinn denn sonst? Sie wollen sich doch nicht bei Pegida-Aufmärschen furchtlos zeigen. Eine Falle ist in der Tat linke, aufgeklärte, furchtlose Rhetorik. Wir stehen, relativ hilflos, vor einem riesigen Problemberg und müssen das Helfen – unsymbolisch helfen – doch selber erst lernen.

Marit Hofmann: Inwiefern trägt die Wortwahl in Politik und Medien – »Flüchtlingskrise«, »Asylkritiker«, »Flut«, »Transitzonen«, »Lager« – zur Hetze gegen Flüchtlinge bei?

Theweleit: Die Wortwahl in Politik und Medien (ich wiederhole die Wörter nicht) trägt nicht nur zur Hetze gegen Flüchtlinge bei, sie ist brachialer (und nicht unbedeutender) Bestandteil dieser Hetze. Leuten, die kein Sprachempfinden haben, wird man das schwer beibringen können. Aber man kann im eigenen Umkreis (auch im publizistischen) darauf hinwirken, dass die Sensibilität für die Wahrnehmung solcher Grobheiten wächst.

Seeßlen: Man muss auf die Tücke dieser Rhetorik hinweisen, die immer Verschiedenes gleichzeitig meint. Natürlich bedient sie die völkisch-nationale Brüllfraktion, aber zugleich bereitet sie etwas anderes vor, die Erzeugung eines rechtlosen, billigen Arbeitsreservoirs, einer Waffe im antieuropäischen Nationalismus.

Autorinnen und Autoren

Ulrich Bröckling [ub]
Soziologe an der Albert-Ludwigs-Universität Freiburg

Robert Feustel [rf]
Politikwissenschaftler an der Universität Leipzig

Jens Frohburg [jf]
Gelernter Hartzer außer Dienst

Nancy Grochol [ng]
Sprachwissenschaftlerin und Lektorin

Tobias Prüwer [tp]
Freier Journalist und Autor

Franziska Reif [fr]
Autorin und Übersetzerin

Mathias Rodatz [mr]
Geograf und Politikwissenschaftler an der Goethe-Universität Frankfurt

Georg Seeßlen
Autor, Feuilletonist und Cineast

René Seyfarth [rs]
Kultur- und Sozialwissenschaftler

Till Sorge [ts]
Freier Journalist und Autor

Jennifer Stange [jest]
Freie Journalistin und Autorin

Klaus Theweleit
Literaturwissenschaftler, Kulturtheoretiker und Schriftsteller

Yvonne Kunz

Jihad Rap

An den Rändern muslimischer Subkulturen

Seit 9/11 häufen sich die gerappten Bekenntnisse zum militanten Jihad, die mit aktuellen Lobgesängen auf den IS ihren Höhepunkt gefunden haben. Eine Musik voller Widersprüche: Mit der Cola-Dose in der Hand wird in MTV-Ästhetik die Dekadenz der westlichen Welt gegeißelt und der Terror propagiert.

144 S. • ISBN 978-3-95575-053-4

Frank Apunkt Schneider

Deutschpop halt's Maul!

Für eine Ästhetik der Verkrampfung

Eine Kampfansage an die Versöhnung mit der neuen deutschen Popidentität

112 S. • ISBN 978-3-95575-030-5

Wolfgang Seidel

Wir müssen hier raus!

Krautrock, Free Beat, Reeducation

Ausgehend von dem damaligen Lebensgefühl zeichnet Wolfgang Seidel ein Bild, das anders gefärbt ist als die vielen Gründungsmythen der ersten genuin deutschen Popkultur, des Krautrock, der eines vor allem nicht sein wollte: deutsch.

136 S. • ISBN 978-3-95575-052-7

Jonas Engelmann

Wurzellose Kosmopoliten

Von Luftmenschen, Golems und jüdischer Popkultur

Luftmenschen und Golems, sprechende Tiere und Vampire geistern durch die jüdische Kulturgeschichte, auf der Suche nach Auswegen und Fluchtlinien vor Anfeindungen. In Hochkultur und Popkultur, in Odessa und New York, Krakau und Montreal - Spuren finden sich überall.

128 S. • ISBN 978-3-95575-050-3

Dagmar Brunow (Hg.)

Stuart Hall. Aktivismus, Pop und Politik

In teils sehr persönlich gehaltenen Beiträgen berichten deutschsprachige AktivistInnen und KulturtheoretikerInnen von Stuart Halls Inspiration für ihr Denken und ihre Arbeit - auf Stadtforschung, Pop, kritische Theorie, Antirassismus, Kolonialismus, Migration, Hafenstraße, Stilpolitiken und Gentrifizierungskritik.

96 S. • ISBN 978-3-95575-031-2